それって、「悩みぐせ」かもしれませんよ

自分でカウンセリングする技術

榎本博明

創元社

はじめに――生きづらさを解消するために

ちょっとしたことでクヨクヨしてしまう自分を変えたい。悩みぐせのある自分から脱したい。そんな思いを抱えている人は、意外に多いものです。

人づきあいにとても気をつかって疲れる。だれとでも気軽につき合える人がうらやましくてしかたない。あんなふうになれたらいいのになあ……。そんな思いを抱えている人も、少なくないはずです。

毎日の生活にどこか納得できない自分がいる。なにが不満なのか、どうしたいのか、よくわからないのだけど、なにかモヤモヤする。そんな思いにさいなまれる人も多いでしょう。

そこで必要なのは、自分の心の中でなにが起こっているのかを理解することです。

とくに私たちを悩ませるのは、人間関係の問題です。私たちの人生は、この人間関係に大きく左右されることがあります。そのため、人づきあいに悩み、もっとうまくつき合えるようになりたいと思うのです。

自分の感情や行動に影響を及ぼしている心理メカニズムがわかれば、人間関係をどのように自分らしくこなしていけばよいかがわかり、気持ちが楽になります。

自分は悩みぐせがあり、他の人よりもクヨクヨしたり、落ち込んだりしやすい。そのように思うなら、悩みぐせの元になっている心の悪しき習慣を探り当て、そこを修正していけばよいでしょう。

後ほど詳しく解説しますが、ここでしっかり押さえておきたいのは、出来事や状況が悩みや落ち込みをもたらすのではないということです。

その証拠に、似たような出来事を経験しても、みんなが同じような反応をするわけではありません。

たとえば、仕事でミスをして上司から怒鳴られたら、あなたはどんな気持ちになりますか。クヨクヨするタイプだったら、ショックのあまり昼食ものどを通らないほど落ち込んでしまうかもしれませんね。

でも、同じように怒鳴られても、すぐに気持ちを切り替えて、まるでなにごともなかったかのように、淡々と仕事をこなしている人もいます。

イヤ味な同僚から意地悪なことを言われたら、あなたはどんな反応をするでしょうか。落ち込んだり、イライラしたり、すぐに感情を乱されるタイプだと、

「なに、あの言い方は!?」

「あんなことを言うなんて、許せない！」

といった思いが込み上げてきて、冷静に仕事に向かえなくなってしまうかもしれません。

でも、イヤ味な同僚の言葉などまったく気にせず、自分のペースをけっして乱されない人もいます。

人によるこのような反応の違いからわかるのは、出来事が落ち込みをもたらすのではないということです。ここに悩みぐせから脱するためのヒントがあります。

そして、もうひとつ、しっかりと踏まえておきたい大事なことがあります。それは、人それぞれに心の習慣の好ましくないパターンがあるということ。それを変えていくためにも、自分の心の習慣の悪しきパターンを知ることが必要だということです。

自分の心をコントロールするには、まず自分の心の習慣を知っておく必要があります。自己コントロールは、まず自己を知るところから始まります。問題となる心の習慣がわかれば、悩みぐせから抜け出すのはそう難しいことではありません。無自覚でいるために、そのような心の習慣の悪しきパターンに縛られてしまうのです。

この生きづらさをなんとかしたい。でも、カウンセリングを受けるのはちょっと抵抗がある。そのような人のために、この本では、読者が自分で自分をカウンセリングするかのように自己理解を深め、好ましくない心の習慣を改善して、毎日を気持ちよく過ごせるようになるためのヒントを示すことを目的としています。

まずは、私たちの悩みや不安、不満やイライラの元になっている心理メカニズムについて知っておくことが必要です。

そこで、［パート1］では、悩みや不安、不満やイライラを引き起こす基本的な心理メカニズムについてわかりやすく解説します。自分のふだんの心の動きが手にとるようにわかるはずです。

そこをしっかり押さえてから、［パート2］で具体的な悩みや不安、不満やイライラへの対処法について一緒に考えていきたいと思います。

［パート2］では、よくある典型的な悩みを取り上げていますが、読者自身に自分を振り返って記入してもらうワークを取り入れました。

カウンセリングでカウンセラーに向かって自分の悩みや思いを語るつもりで行ってください。気になる状況や出来事を振り返りつつ、指示に従って記入していくことにより、なんらかの気づきが得られるようになっています。それによって、自分の中に潜む心の習慣の悪しきパターンが見えてくるはずです。

このような自己カウンセリングを筆記療法といいますが、筆記療法にはカタルシス効果や自己明確化効果、つまり気持ちがスッキリし、自分の問題点が見えてくるといった効果があることがわかっています。

13のワークを配置してありますので、こうしたワークをきっかけにして、生きづらさから脱するためのヒントをつかんでください。

それって、「悩みぐせ」かもしれませんよ

自分でカウンセリングする技術

目次

パート1 悩みや不安、不満やイライラはどこからやってくるのか？

編集協力――唐草書房
装　丁――上野かおる
装　画――出口敦史

パート1

悩みや不安、不満やイライラは
どこからやってくるのか？

1 きちんと考えるから不安になる

このようなカウンセリング本を手に取るあなたは、きっと不安の強い人のはずです。

なにかにつけて不安になりがちな人は、いつも元気で明るくて、不安と無縁そうな人をうらやましく思うものです。あんなふうに気楽になれたらいいのにと思ったりします。あなたもそんな思いに駆られることがあるのではないでしょうか。

たとえば、友だちから飲み会に誘われたとします。

不安の強い人は、

「ほかにだれが来るんだろう」

と気になります。そして、友だちにだれが来るのか確認したくなります。

よく知らない人たちが参加することがわかると、

「どんな人なんだろう」

「話が合わなかったら困るなあ」

などと不安になり、参加しようかどうか迷ってしまいます。

ところが、不安のない人は、

「わぁ、楽しそう。行きたい！」

と、まったく躊躇することなく、即座に参加を表明します。そんな気楽で積極的なようすを見るにつけ、不安の強い人は、

「私も、もっと気楽になれたらいいのに」

と思うはずです。

気楽な人をうらやむ気持ちはわかりますが、これは性格の違いであって、どちらがよいとか悪いとかいうことではありません。その個性をどのように生かすかがポイントになります。

たとえば、仕事の場面を思い浮かべてみましょう。

これまでやったことのない仕事を「君に任せたいのだが」と上司から打診され

たときなど、不安の強い人は、

「大丈夫かな。ちゃんとできるかな」

と不安になり、安請け合いしてよいものかどうか迷います。

「大丈夫だよ、君ならできるから」

と言われて、思い切って引き受けたとしても、その後も不安は続き、

「ミスしないように気をつけないと」

と慎重に段取りを考えるでしょう。その仕事をどうしたらうまくこなせるかということが、頭から離れなくなるはずです。

それに対して、不安のない人は、

「わかりました、やります」

と、なんの躊躇もなく気軽に引き受けます。

「よっぽど仕事のできる人なのかな」

と思って見ていると、けっしてそういうわけではなく、ミスをしては上司から叱られたりしています。

不安の強い人からすれば、

「あれで、なんで不安にならないのだろう」と理解に苦しむわけですが、本人はアッケラカンとしています。その気楽さをうらやましく思うかもしれませんが、この場合は、不安がないことが雑な仕事につながっていることがわかるでしょう。不安がなければいいというものではないのです。

では、不安のない人は、どうしてそんなに気楽でいられるのでしょうか。ひと言で言えば、あまりものごとを深く考えないからです。そういう性格なのです。

ものごとをあまり深く考えなければ不安はない。ものごとをきちんと考えるから不安になる。となると、「不安になりがちな自分」というのも、そんなに悪いものではなさそうです。まず、そのことを踏まえておきましょう。

その不安にはポジティブな意味があるのです。

2

落ち込んだり、腹が立ったりするのは、出来事のせいではない

イヤなことがあると落ち込む。それがものすごくイヤなことだと、立ち直れないくらいに落ち込む。それは当たり前のことだと思っていませんか。じつは、そこが間違っているのです。

あなたは、なにかで落ち込むとき、イヤなことがあったせいで落ち込むのだと思っているかもしれません。でも、落ち込んでいるのは、じつは無意識のうちに作動しているあなたの心の習慣のせいなのです。イヤな出来事のせいではないのです。

その証拠に、同じようなことがあっても、落ち込む人もいれば、落ち込まない人もいます。ものすごく落ち込んで、それを長く引きずる人もいれば、多少落ち込むけれども、すぐに立ち直る人もいます。

結局、あなたの気分がひどく落ち込むのは、イヤなことがあったせいではないのです。

出来事や状況は、それだけでは人の気分を落ち込ませることはできません。出来事や状況そのものに、そのような力はありません。

落ち込むかどうかは、出来事や状況ではなく、私たちの心の構えで決まってきます。私たち自身のものごとの受け止め方によるのです。

ものごとの受け止め方のことを心理学では〈認知〉といいます。

たとえば、仕事でちょっとしたミスをしてしまい、客から文句を言われたり、先輩から注意されたりしたときは、だれでもショックを受けて、落ち込むでしょう。あなたもきっと落ち込むはずです。でも、その衝撃が長く尾を引くか、すぐに立ち直ることができるかには、大きな個人差があります。

落ち込みやすい人は、

「こんなミスをするなんて。ほんとにダメだな」

と自分を責めて、おろおろしてしまいます。そのせいで、つい上の空になったりして、またミスをしてしまうこともあります。

それに対して、

「くよくよしてもしょうがない。同じようなミスをしないように気を引き締めていかなくちゃ」

と、すぐに前向きな気持ちに切り替えていける人もいます。

経験した出来事は同じでも、反応がこれほど違ってくるのです。その違いは、出来事ではなく、受け止め方にあるのは明白です。

つまり、落ち込むのは、出来事のせいではなく、認知のせいであり、落ち込みやすいのは認知の問題ということになります。

友だちからイヤ味なことを言われれば、だれだってイヤな気分になります。あなたも、そのような目にあえば、きっとイヤな気分になるはずです。瞬間的にはだれでも気分を害しますが、その先の心の動きが人によって違ってきます。

そのようなときに、

「あんなことを言うなんてひどい。そんな人だとは思わなかった」

と腹を立てる人がいる一方で、

「なにかコンプレックスに触れるようなことを言っちゃったかな」

「なんであんなに機嫌が悪いんだろう」

と、べつに感情的にならず、冷静に相手のようすをうかがう人もいます。

やはり、出来事は同じでも、腹を立てる人もいれば、とくに感情的にならない人もいるわけで、結局は受け止め方、つまり認知の問題だとわかります。

ここから言えるのは、認知を変えれば「落ち込みやすい自分」、ちょっとしたことで「腹を立ててしまう自分」から脱することができるということです。

自分の身に降りかかってくる出来事をコントロールすることはできないけれども、認知のしかたはコントロールできます。

イヤなことが起こらないようにすることなどできませんが、イヤなことが起こったときに、それをどのように受け止めるかは、自分自身でコントロールできるのです。

ワンポイント

落ち込むのは、心の習慣のせいです。

3 比較心理がネガティブ感情を生む

幸せに絶対的な基準はないというのは、よくいわれることです。

客観的にみれば、なに不自由なく暮らしている人が、じつは不満だらけだったりします。経済的にみても、配偶者の人柄をみても、どうみても恵まれているのに、なにが不満なのか、周囲の人にはわかりません。

そこにあるのが「比較心理」です。

いくら収入がよくても、裕福な人が多く住んでいる地域なため、近所の人のほうが豊かな暮らしをしていると、自分たちがみじめなように思えてきて、

「もっと収入があればいいのに」

と嘆きたくなります。

たとえ自分の旦那さんが申し分のない人柄だったとしても、近所の奥さんの旦

那さんが有名企業に勤めているのを知ると、ねたましい気持ちがわいてきたりします。

比較心理というのは、とても厄介なものなのです。

たとえば、友だちから結婚通知が届くたびに、ネガティブな気分になるという人がいます。友だちの幸せを素直に喜べないなんて、どんなにひねくれた人物なのだろうと思われるかもしれません。

でも、比較心理という視点から眺めてみると、そういう人の気持ちもわかってきます。

友だちが結婚することになり、はじめて披露宴に呼ばれたときは、呼んでくれたことがうれしくて、「おめでとう」と祝福の気持ちで一杯になったそうです。また別の友だちの結婚披露宴に呼ばれたときも、「おめでとう」という祝福の気持ちが込み上げてきました。でも、そのうち友だちの結婚披露宴に呼ばれると、なぜかみじめな気持ちになるようになったと言います。

もちろん祝福の気持ちもあるのですが、「おめでとう」という思いと同時に、みじめな気持ちもわいてくるというのです。

そこにあるのが比較心理です。

「とても幸せそうな友だち。それに比べて自分は……」といった思いがわいてくるわけです。

比較心理さえ働かなければ、幸せそうな友だちを心から祝福できるのに、比較心理のせいで、素直に祝福できず、みじめな気持ちになってしまうのです。

友だちのことをねたんで、つい攻撃的な気持ちになり、結婚相手のことをこき下ろしたり、友だちの悪口を言ったりすることもあります。そして、そんな自分がイヤになり、落ち込みます。問題の根は、まさに比較心理にあるのです。

では、つい比較をしてはネガティブな気分になってしまう自分をどうしたらよいのか。そこが問題になります。

ネガティブな比較心理から解放されれば、気持ちがとても軽くなるはずです。

ワンポイント

つい人と比べてしまうクセが問題なのです。

4 イライラの背後には期待がある

自分のイライラ体質を直したい。人に対してすぐにイライラしてしまう自分を変えたい。でも、どうしたらいいのかわからない。そのように思う人には、ぜひ目を向けてほしいことがあります。

それは、イライラしやすい人にみられる共通点は、人に対する期待が強すぎるということです。

せっかくディズニーランドにデートに行ったのに、ケンカになって気まずい雰囲気で帰ってきたという人がいます。

話を聞いてみると、乗り物に乗ってちょっと気分が悪くなったのに、こっちの調子が悪いことに気づかずにはしゃいでいるし、昼食をあまり食べずに残したのに、心配してくれないし、だんだんイライラしてきて、無視したり、攻撃的なことを言ったりして、気まずい雰囲気になったのだと言います。

この場合、「こっちの体調が悪いことに気づいてほしい」といった期待が強いためにイライラしていたのだとわかります。

言わなくてもわかってほしい、察してほしい、気づかってほしい。そうした期待が強いために、期待どおりにならないときにイライラするのです。そして、せっかくのデートを台なしにしてしまうのです。

このような場合、「言わなくてもわかってくれるはず」といった期待、そして「言わなくてもわかってくれるべきだ」といった思いがあるから、イライラするのです。

そんな期待などせずに、

「ちょっと気分が悪くなっちゃった」

と素直に言えば、気まずくなるようなことはなかったでしょう。

はっきりと伝えれば、「わかってくれない」とイライラすることもなかったでしょう。相手の側も、そう言われれば、一人ではしゃいだりするようなことはしないだろうし、おたがいにイライラせずにすんだはずです。

親や配偶者などの家族にイライラするという人もいますが、それは家族を非常に身近に感じていて、「わかってくれるはず」と期待しすぎているからといえます。あまりに期待が強いため、期待どおりにいかないと、裏切られたような気持ちになって、イライラするのです。

逆に言えば、友だちや恋人、親や配偶者などになにも期待していない人は、べつにイライラすることはないはずです。

しょせん人のことなんてわかるわけがない、だれだって人のことに関心なんかないのだから、などと思っている人は、相手が自分のことを気づかってくれるはず、わかってくれるはずといった期待がないため、期待を裏切られたとイライラするようなことはありません。

だからといって、期待するからいけないんだ、期待なんかしないほうがいい、というのもちょっとさびしいですね。おたがいに相手が気づかってくれるはず、わかってくれるはず、と期待することができる関係というのは、とても貴重です。

では、期待しつつ、イライラしないためには、どうやって自分の心をコントロールしたらよいのか。そこが課題になります。

自己コントロールができるようになれば、いちいちイライラしなくなり、せっかくの親しい人間関係をこじらせないですむようになるので、そのコツを身につけることが、イライラ体質から脱するための鍵になります。

ワンポイント

期待するのはいいのですが、期待しすぎるのが問題なのです。

5

欲求不満が感情の爆発を引き起こす

最近、やたら怒りっぽくなったと感じる人は、なにか欲求不満になる状況に置かれている可能性を疑ってみる必要があります。

心理学の世界では、〈欲求不満―攻撃仮説〉というのが有名ですが、私たちは、欲求不満の状況に置かれるとイライラしやすくなり、ちょっとしたことで怒りを爆発させてしまいます。

このところ自分は怒りっぽくなったと思うことはありませんか。そう思う人は、なにか思いどおりにならないことがあって、欲求不満状態にあるのかもしれません。

たとえば、ママ友との間でトラブルがあり、イヤなことを言われたり、仲間外れのような扱いを受けたりしたときなど、つい子どもにきつく当たってしまったり、配偶者のなにげない言葉にいら立ったりしがちです。

あるいは、職場で納得のいかない人事評価を受けたり、取引先で横暴な担当者から怒鳴られたりして、欲求不満状態にある人が、帰宅途中の車内でイヤホンで音楽を聴いている人に向かって、「うるさい！」と怒鳴ったり、帰宅後にちょっとしたことでいら立って家族に怒鳴り散らしたりすることがあります。

駅でゴミ箱を蹴飛ばしている人。事故で電車が遅れているときなど、「いつになったら来るんだ」と怒鳴るような調子で駅員に文句を言っている人。銀行の窓口で、「いつまで待たせるんだ」と怒鳴っている人。

そのような人も、職場や家庭でイヤな目にあっていて、欲求不満をため込んでいる可能性があります。

病院の待合室で長時間待たされイライラして、

「いつまで待てばいいんだ」

と感情を爆発させてしまった人も、本人はいつまでも待たされたことが自分の怒りの理由だと思い込んでいるでしょうが、じつは仕事が思うようにいかなかったり、職場や家庭でイヤな目にあったりしていて、それによる欲求不満が「許せない！」といった思いにさせているのかもしれません。

欲求不満によるイライラがたまっていると、攻撃的な衝動が高まっているため、ふつうなら気にならない言葉にも挑発性を感じとり、

「人をバカにしないでください！」

と怒鳴ったり、いつもと変わらないのに、

「なんでこんなに散らかしてるの！」

と文句をつけるなど、あらゆる刺激に過剰に反応しがちになります。

欲求不満をため込んでいるときは、そういった認知の歪みが起こりやすくなり、そのせいでせっかくの人間関係を壊してしまうことにもなりかねません。

ですから、自分はちょっと怒りっぽくなっているなと感じたら、なにか欲求不満をため込んでいないか、振り返ってみる必要があります。

ワンポイント

欲求不満への対処ができていないから、イライラするのです。

6

自信のなさが敵意を感じやすくさせる

仕事でミスをして上司から怒鳴られると、ミスをした自分が悪いということはわかるのだけど、なんだかムカつく。

「そんな言い方をしなくたっていいじゃないか」

と反発心がわいてくる。そのようなことはよくあるようです。

でも、仕事のやり方についてアドバイスされると、ケチをつけられているみたいで腹が立つということになると、自分自身の心の習慣になにか問題がありそうです。

人から意見されたり、アドバイスされたりすると、それが正しいと頭ではわかっても、イラッとくるという人がいます。そして、

「こんなことでイラッとくるなんて、なんてちっぽけな人間なんだ」

と自分がイヤになると言います。

意見されたり、アドバイスされたりすると、自分を否定されたような気になるのでしょう。たしかに、こちらのやり方に対して意見やアドバイスをしてくるということは、こちらのやり方ではダメだということになります。

でも、相手は、それが職場の上司や先輩であっても、友だちや親であっても、意地わるで言っているわけではなく、こちらのためを思って言ってくれているはずです。

こちらのことをどうでもいいと突き放していたら、わざわざ気まずくなるようなことを言ってはくれないでしょう。

「なんでそんなやり方するんだ。それじゃダメだ。こういうふうにしないと」

「こうしたらいいいんじゃない？」

「こうすればもっと効率的にできるんじゃないかな」

などと意見やアドバイスをしてくれるのは、なんとか改善させたい、もっといいやり方を教えてあげたいと思うからです。

それは自分でもわかるからこそ、ついイラッとして反発してしまう自分がちょっ

ぽけな人間に思えて、

「あー、こんな自分、イヤだ！」

と自己嫌悪するのでしょう。

最近は、反発を嫌って学校でも職場でもあまり厳しいことを言ってくれる人がいなくなったため、厳しく叱られる経験が乏しく、ちょっと注意されただけでも反発する人が多いようです。

そして、反発しながらも、アドバイスにまでイラッとくるなんて、自分は人間ができていないと思ってしまうわけです。

ただし、そのようなアドバイスにまでイラッとくる人は、けっして珍しくありません。二〇代から五〇代のビジネスパーソンを対象に私たちが実施した意識調査でも、二割を超える人たちが、「年長者からアドバイスされて、うっとうしいと思うことがある」と答えています。とくに二〇代の若い人たちでは、三割近くがそのように答えています。

親切なアドバイスにさえ、なぜ反発してしまうのでしょうか。

それは「見下され不安」が刺激されるからです。

要するに、自信がないのです。自信がなく、「バカにされるのではないか」「軽くみられないか」といった不安を抱えているため、注意やアドバイスに対して、「自分を否定された」と感じ、イラッとくるのです。

自信がなく、不安が強いと、厳しい指摘や注意を受け入れるだけの気持ちの余裕がなく、見下されたような気持ちになり、感情的に反発するものです。親切なアドバイスであっても、それによって自分が助かると思うよりも、「上からものを言ってきた」というように感じてしまうのです。

こうしてみると、人の意見やアドバイスを素直に受け入れ、それを生かして成長していくには、自信をつけて、「見下され不安」を克服しておくことが必要だとわかります。

では、どうしたら自信をつけることができるのか。そこが課題になります。

自信がないから「自分が否定された」と感じてしまうのです。

7

対人不安の背後には、嫌われたくない思いがある

人づきあいにとても気をつかい疲れるということはありませんか。

べつに人間嫌いなわけではなく、友だちとしゃべっていると楽しいという人でも、けっこう人づきあいには気をつかうものです。

とくに人の気持ちを思いやる傾向のある人ほど、気をつかいすぎて疲れてしまいます。

人のなにげない言葉や態度にも、

「どういうつもりなんだろう？」

と気になったり、

「私といてもつまらないんじゃないか」

「なんだか気まずい空気だなあ」

と気に病んだり、深読みしようとしすぎるのです。

自分の言葉や態度についても、

「イヤな印象を与えたらいけない」

「傷つけるようなことを言ってはいけない」

と人一倍気をつかい、相手の反応にも、

「なんか怒らせちゃったかな」

「傷つけるようなことを言ってないかな」

と気に病んだりします。

このように人に対して神経をつかいすぎるため、疲れてしまい、人づきあいに消極的になってしまうのです。

人間関係に疲れるタイプは、自分の出し方がよくわからなくて悩むものです。

初対面の人や、まだあまり親しくなっていない人に対して、どんな自分を出したらよいかわからないのです。それで、コチコチに緊張します。

たとえば、職場の先輩たちとなかなか親しくなれないなと思っているところに、社交的な同期がまったく緊張せずに冗談を言ったりして、すっかりとけ込んでいるのを見て、自分もがんばらなくてはと思います。

でも、どうしても人に対して身構えてしまうのです。

人づきあいが不器用で、気疲れする人の心の中には、このように自分の出し方をめぐる葛藤が渦巻いています。

このようなタイプは、うっかり自分を出すと、人から変なヤツと思われるのではないかといった不安が強いものです。それで率直に自分を出せず、人づきあいが消極的になります。

そこにあるのは、心理学でいう〈対人不安〉です。いわば、人間関係に対する不安です。

あなたも、つぎのような不安を感じることはありませんか。

たとえば、人と話すことへの不安。この不安が強いと、よく知らない人や、それほど親しくない人と会う際には、

「うまくしゃべれるかな」

「なにを話せばよいのだろう」

「場違いなことを言ってしまわないだろうか」

などといった不安が頭をもたげるため、会う前から緊張します。

相手から好意的にみてもらえるかが不安だという心理もあります。だれだって相手からイヤな人だと思われたくないし、好意的にみてもらいたいはずです。でも、この不安があまりに強いと、人間関係に不器用で自信がないため、

「好意をもってもらえるだろうか」
「嫌われないかな」
「うっとうしがられないだろうか」

といった不安に駆られ、相手の言葉や態度に非常に過敏になります。

コミュニケーション力に自信がないため、相手からわかってもらえるか、好意的にみてもらえるか不安でしようがないのです。

なにか言おうとするたびに、

「共感してもらえるかな」
「変なヤツと思われないだろうか」
「引かれたら傷つくな」

などといった不安を感じるため、つい話すのを躊躇してしまい、言葉が少なくな

りがちです。このような対人関係の場で生じる不安を〈対人不安〉といいます。

自分にもたしかにそのような不安があるという人が多いのではないでしょうか。

そのような人の心の中には、「嫌われたくない」という思いが潜んでいます。「嫌われたくない」という思いによる呪縛をいかに解くか。それが課題といえます。

ワンポイント

人の目を気にしすぎると人づきあいに消極的になってしまうものです。

8

強すぎる承認欲求が生きづらさを生む

人からどう見られるかが気になってしかたがない、人からの評価が気になって自由に振る舞えない。そんな悩みを口にする人がいます。でも、それはだれもが抱えている思いではないでしょうか。人からの評価が気にならない人などいません。

人からの評価に振り回されないで、自分らしく生きればいい、自分の生きたいように生きればいいなどといわれたりしても、はたして人からの評価を無視することなどできるでしょうか。

仕事の場は、ますます厳しさを増しています。かつては職場の人間はみんな仲間といった意識がありましたが、欧米流の人事評価が導入され、どの職場も従業員の評価システムの構築にやたら熱心です。そんな時代ゆえに、私たちは、たえず評価的視線にさらされ、評価されていることを意識せざるを得ないのです。

評価を意識して、認められたいと思ってがんばる。それは、けっして悪いことではありません。

私たちは、幼い頃から、親や先生から認められたくて、できる子になろうとしてがんばってきたものだし、そうした承認欲求が成長の原動力だったはずです。

職場でも、「使える人物だ」「できるヤツだ」とみられたくて一所懸命に仕事をするのは、べつに悪いことではありません。上司から「がんばってるじゃないか」と思われたくて必死にがんばるというのも、よくあることです。

家庭でも、きちんとした主婦だ、頼りになる親だと思われたくて、自分の役目をちゃんと果たそうとがんばるのは、問題どころか、むしろ立派なことといえます。

それが成長につながるわけだし、有能な人はみんなそうしているはずです。でも、それが行き過ぎると、生きづらさにつながります。無理をしすぎるのです。

子どもの頃から、お母さんからほめられたい、よい子と思われたいとがんばってきた人。学校でも、先生からほめられたい、よい子と思われたいとがんばってきた人。そのようなタイプは、周囲からの評価を気にしすぎる傾向があります。承認欲求が強すぎるのです。

社会に出れば、いくらがんばっても評価につながらないことがたくさんあります。どうがんばれば評価されるのかがよくわからないということもあります。

承認欲求というのは、たしかに成長の原動力でもあるわけですが、それにとらわれすぎると、自分がなにをしたいのか、どうしたいのか、なにに価値を置いているのか、どんな生き方をしたいのかといった自分らしさが置き去りにされ、人の顔色をうかがうばかりになってきて、そんな自分がしだいにイヤになってきます。

そこで、承認欲求をうまく生かして成長しつつ、適度に承認欲求から解放されて自由に振る舞うことが大切なのです。

承認欲求の生かし方と克服のしかた。それを身につければ、人からの評価に振り回されずにすみます。

ワンポイント

認められたいと思いすぎると、自分を見失ってしまいます。

9

気持ちを抑えすぎるから人間関係がこじれる

人間関係が不器用な人は、人に対して人一倍気をつかっているつもりなのに、なぜかトラブルになったり、気まずいことになったりしがちです。そんなことはないでしょうか。

なぜそうなるかと言えば、気持ちを抑えすぎるからです。抑えすぎることで、ため込んでしまったものが、イライラを生み、そのせいで素直になれなかったり、つい感じの悪い態度をとってしまったりするのです。

みんなが言いたいことを遠慮なく主張したら収拾がつかなくなるし、利己的な思いのぶつけ合いみたいになって、雰囲気が悪くなるでしょう。他の人の気持ちも配慮して、ある程度自分の気持ちを抑えるのは大切なことです。

遠慮のない人は、周囲の人の気持ちなどまったく配慮せずに身勝手なことを言

うので、

「ほんとに自分勝手な人だなあ」

「人の気持ちや立場なんて全然眼中にないんだから」

と周囲からあきれられます。

人づきあいに気をつかうタイプは、そのような身勝手さはないのですが、逆に自分を抑えすぎて、本人自身が疲れて我慢できなくなってしまうのです。

結局は、バランスの問題です。人の気持ちや立場を配慮することも大事ですが、自分の気持ちや立場も大事です。どちらかを無視したり軽視したりすると、問題が生じやすくなります。

相手の気持ちや立場を配慮しないと、反発を買い、人間関係がスムーズにいかなくなります。

反対に、自分の気持ちや立場を無視して、無理に自分を抑えていると、いつかは、

「もう我慢できない」

と感情の爆発を起こして、せっかくの人間関係を台なしにしてしまうことにもな

りかねません。
ここでの課題は、相手に配慮し、イヤな感じを与えないような形で、適切な自己主張ができるようにすることです。

ワンポイント

人への配慮は大事ですが、自分を抑えすぎるのは問題です。

10

自己嫌悪は向上心のあらわれ

悩みがちな人は、「こんな自分はイヤだ」「自分はダメだ」という気持ちにさいなまれることがあるはずです。

とくに、夜中にひとりでいるときに、昼間の自分を振り返って、

「私、なにをしてるんだろう」

「どうしてこんなふうなんだろう」

などと自己嫌悪に陥ったりします。ここで気づいてほしいのは、

「こんな自分はイヤだ」

「自分はダメだ」

と自己嫌悪するのは、けっして悪いことではないということです。

いい加減な人なら、なにかまずいことをしてしまったときに、

「こんな自分はイヤだ」

「こんなことをしているようじゃダメだ」

などと自己嫌悪するでしょうか。しないですよね。

仕事でミスをしたときとか、失礼なことを言って相手をイヤな気分にさせてしまったときでも、「まあ、いいか」「しかたないよ」などと開き直ったり、あるいはまったく気にかけなかったりするものです。

ここからわかるのは、自己嫌悪には向上心のあらわれといった側面があるということです。そんなことを言われても、自己嫌悪するのは苦しいものだし、なんとか自己嫌悪から解放されたいと思うかもしれません。

でも、「もっと仕事ができるようになりたい。ミスをして周囲に迷惑をかけるようなことはしたくない」という思いがあるから、仕事でミスをしたりすると自己嫌悪に陥るのです。「できるようになりたい」「迷惑をかけたくない」という思いがない人は、自己嫌悪などしません。

「もっと人の気持ちを考えて行動できるようになりたい」

そうした思いがあるから、人を傷つけるような言動をとってしまったときに自己嫌悪に陥るのです。人のことなどどうでもいいと思っている人は、そうなりません。

「惰性に流されるような生活はイヤだ。生きてるっていう実感がほしい」

そんな思いがあるからこそ、ただ適当に流されているだけの生活に甘んじていることに自己嫌悪するのです。手応えのある生活を求める気持ちがなければ、自己嫌悪などしないでしょう。

自己嫌悪にさいなまれるのは、向上心が強い証拠なのです。

苦しいときには、このことを思い出すことです。

筋トレで、筋肉痛は筋力が鍛えられている証拠として心地よい痛みに感じられるのと同様、自己嫌悪による苦悩を充実感に変えてしまえるように、気持ちのもち方をコントロールするのが課題といえます。

ワンポイント

自己嫌悪は、今の自分を乗り越えるためのバネになります。

11

変われない自分の中には、変わりたくない自分がいる

自分を変えたいのになかなか変われない。そんな悩みを口にする人を見ていると、「この人は、ほんとうに変わりたいのだろうか」と疑問に思うことがあります。

あなた自身、どうでしょうか。たとえば、消極的な自分を変えたいという人に、心の中の葛藤を話してもらうと、

「こんな性格は損だから、もっと積極的になりたいって思うんですけど……。でも、変に積極的な人がいるじゃないですか。なんか、自分を売り込んだり、ずうずうしい感じだったりする人。ああいうのはイヤだなあって思うんです」

などと言ったりします。

遠慮深くて、つい消極的になって損をしている自分がイヤだ、もっと積極的な

自分に変わりたいと言いながらも、積極的な人に対する拒否的な気持ちもあるのです。それでは積極的な自分に変われるはずがありません。

あるいは、

「私は内向的な性格で、みんなでおしゃべりしてるときとか、なにか言おうと思っても、『こんなこと言ったら場違いかな』って思ったりしているうちに話題が変わっちゃって、たいてい聞いてるだけになっちゃうんです。話の輪の中心になってる人がうらやましくて、もっと社交的になりたいですね」

と言う人も、話しているうちに、

「でも、社交的な人って、ちょっと無神経で軽薄なところがありますよね。あんなふうに人に対して無神経にはなりたくないんですよね」

などと言い出します。

結局のところ、社交的な人がうらやましいと言いつつも、あんなふうに無神経にはなりたくないという思いが強いのです。

こうしてみると、自分を変えたいのになかなか変われないという人は、本気で変わろうとは思っていないことがわかります。

意識の上では変わりたいと思っているのでしょうが、心の奥底には、

「ああいうのは、ちょっとイヤだ」

「あんなふうにはなりたくない」

といった思いを密かに抱えているのです。

つまり、損をする自分がイヤだと思いつつも、そんな自分をどこかで肯定しているのです。

自分を変えようというなら、本気で変わろうという気持ちになる必要があります。自分は、ほんとうに変わりたいのだろうか、それとも今のままの自分に愛着があり、ほんとうは変わりたくないのだろうか。

自分を変えたいのになかなか変われないという人は、そうした視点から自分自身を振り返ってみてはどうでしょうか。

本気で変わる覚悟があるか、そこが問題です。

パート2

こうすれば悩みや不安は自分で解消できる

ワーク
1

落ち込みやすい自分をなんとかしたい

イヤなことがあるとすぐに落ち込み、なかなか立ち直れないという人がいます。

たとえば、仕事でミスをすると、自己嫌悪でなにもかもがイヤになる。上司や先輩に叱られると、ショックで仕事が手につかなくなる。職場で気まずいことがあると、職場に行きにくくなって、つい休んでしまう。友だちがけっこうきついことを言うので、しょっちゅう傷つき、すごく落ち込むし、関係がぎこちなくなって、友だちづきあいに気をつかって疲れる。恋人の態度が冷たいと、気になって食事ものどを通らなくなる。

このような落ち込みやすい自分を持てあましている人がいます。

なぜこんなに落ち込みやすいのでしょうか。

それは、感情コントロールがうまくできていないからです。自分の感情のコントロールができない。だから人の言葉や態度に一喜一憂するなど、気分の浮き沈みが激しいのです。

このような心理傾向のことを心理学では〈レジリエンス〉が低いといいます。レジリエンスというのは、心の復元力のことです。

イヤなことがあれば、だれだって気持ちがへこみます。一時的に落ち込みはしても、すぐに気を取り直し、立ち直れるのがレジリエンスの高い人です。レジリエンスの低い人は、一時的に落ち込むだけでなく、いつまでも尾を引きます。

そして、このレジリエンスの高さの鍵が感情コントロール力なのです。レジリエンスを高めたいなら、感情コントロール力を高めることが必要です。

では、感情コントロール力はどうしたら高めることができるのでしょうか。

感情コントロール力を高めるというと、感情そのものをどう扱えばよいのかということに目を向けがちですが、じつは大事なのは〈認知〉なのです。

認知のしかたを変えることで、感情コントロール力は一気に高まります。

✣

たとえば、仕事でうっかりミスをしてしまったとき、

「なんで私はいつもこうなんだろう」

「こんなミスをするなんて、オレって、ほんとにダメだなあ」

などと思ったりするのは、落ち込みやすい人にありがちなパターンです。そのような受け止め方をすると、気分が落ち込み、自分がイヤになり、モチベーションが下がります。


落ち込みやすい自分を変えたいなら、認知のクセを変えることです。

このような認知のクセを直すことで、落ち込みやすい心から抜け出すことができます。


「なんで私はいつもこうなんだろう」

といった受け止め方の悪いところは、「なんで」と「いつも」です。


仕事でミスをしたとき、「なんで？」とミスをした自分を責めるから、気分が落ち込むのです。だれだってわざとミスをしているわけではありません。レジリエンスの高い人なら、

「なんで私はこうなんだろう」

などと思わずに、

「どうしたら同じミスをしないですむだろう」

と思うため、落ち込まずに、前向きの気持ちになれます。

「なんで私はこうなんだろう」

と自分を責めたところで、もうやってしまったことはどうにもなりません。ミスをした自分を責めるよりも、ミスを少なくするにはどうしたらよいかに目を向けるのです。

さらには、ミスをした自分を、「いつも」と普遍化してしまうから、

「自分はダメだ」

といった自己否定につながり、落ち込むことになるのです。実際には、いつもミスをするわけではないでしょう。ミスをせずにできることだって、たくさんあるはずです。

ここからわかるのは、「仕事でミスをした」という事実が気分を落ち込ませるのではなく、その受け止め方が気分を落ち込ませているのだということです。仕事で絶対にミスをしないようにするというのは、現実的ではありません。大事な

のは、運悪くミスをしてしまったとき、それをどう受け止めるかです。

✣

そのポイントは、「なんで？」を「どうしたら？」に変えること。そして、「いつも」と普遍化するのをやめること。受け止め方をこのように変えることで、落ち込みやすい心を落ち込みにくい心に変えることができます。

友だちがきついことを言うので、しょっちゅう傷つき、すごく落ち込み、関係がぎこちなくなってしまうという場合も、

「なんであんな言い方するんだろう」

などと非難がましい受け止め方をするから、ぎこちなくなるのです。

きついことを言う友だちのことを、

「なんであんな言い方をするんだろう」

と思ったところで、そういう言い方をする人なのだから、しかたありません。

「どうしたらあの人とうまくやっていけるだろうか」

と考えれば、傷ついたり落ち込んだりしない受け止め方が見えてきます。

たとえば、

「あの人は、言い方はきついけど、べつに悪意で言ってるわけじゃない」

「言い方はきついけど、けっこう気持ちは温かい人だ」

などといった受け止め方ができれば、傷ついたり落ち込んだりすることなく、うまくつき合っていけるはずです。


上司や先輩から叱られると、ショックのあまり仕事が手につかなくなるという場合も、

「こんなんじゃ見捨てられちゃう」

「もうダメだ」

といった受け止め方をするから、仕事のできないヤツだとあきれられているに違いないとか、自分はこの仕事に向いてないんじゃないかと落ち込んだり悩んだりして、仕事が手につかなくなるのです。

「なんとかなると思うから叱るんだろう」

「大丈夫、この失敗をつぎに生かせばいい」

といった受け止め方ができれば、落ち込むよりも、むしろモチベーションが高まるはずです。このような受け止め方をする人は、叱られた経験を成長の糧にして

力をつけていきます。

ここでのポイントは、「もうダメだ」を「大丈夫、なんとかなる」に変えることです。

✣

私たちが落ち込むのは、出来事のせいではなく、その受け止め方のせいなのだということがわかったと思います。だから、同じような出来事を経験しても、ひどく落ち込む人もいれば、あまり落ち込まない人もいるのです。

落ち込みやすい人は、ものごとの受け止め方、つまり認知に問題があるのです。

そこで大切なのは、自分の認知の悪いクセに気づき、それを修正することです。

自分のことを落ち込みやすいと思うのは、落ち込んだ経験がたくさんあるからでしょう。では、どんなことで落ち込んだのかを振り返ってみましょう。落ち込みやすいと思うくらいだから、いくつか具体的な場面を思い浮かべることができるはずです。

その際に、事実としての出来事と、そのときの自分の受け止め方を書き出し、その受け止め方のどこが悪いのか、どんな受け止め方ができればよいか、つまり受け止め方をどのように修正すればよいかを、これまでに見てきた事例を参考に整理してみましょう。

●実際につぎのワークをしてみましょう。
●どのように書いていいかわからないという人は、「たとえば……」を参考にしてみてください。

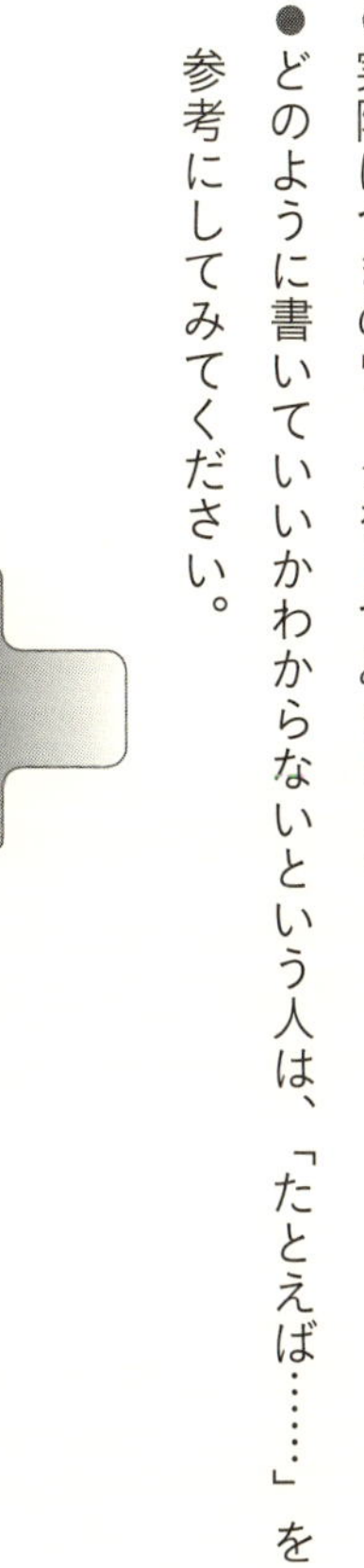

[自分を落ち込ませた出来事] について書いてみましょう

☞ 落ち込んだのはどんな出来事でしたか

☞ そのときどんな受け止め方をしましたか

☞ その受け止め方のどこが悪いと思いますか

☞ どんな受け止め方ができればよかったと思いますか

✎ どんなふうに書こうか迷っているあなたへ。
たとえば……

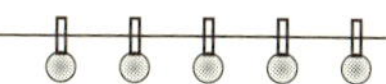

［自分を落ち込ませた出来事］について書いてみましょう

☞ 落ち込んだのはどんな出来事でしたか

仕事でミスして、上司から叱られた。

☞ そのときどんな受け止め方をしましたか

「やらかしちゃった。こんなんじゃ見捨てられちゃう」って思うと不安になり、「この仕事、私に向いてないのかも」と思ったりして、とにかく落ち込んだ。

☞ その受け止め方のどこが悪いと思いますか

行動を修正できればよいわけだし、「見捨てられちゃう」という不安も、「私に向いてないのかも」という思いも主観的な思い込みにすぎない。

☞ どんな受け止め方ができればよかったと思いますか

「同じミスを繰り返さないように気をつけなくちゃ」「こいつはなんとかなると思うから叱るのだろう」と考え、反省点を心に刻むようにする。

ワーク1
アドバイス

自分を落ち込ませた出来事について、受け止め方の悪いところがわかりましたか。

落ち込みやすい人は、「なんでこんなことになったんだろう」「なんでこんな目にあわなければならないの」などと恨みがましい受け止め方をしたり、「なんでいつもこうなんだろう」「なんでいつもあんな言い方をするんだろう」などと普遍化した受け止め方をしがちです。

「なんで?」を「どうしたら?」に変えること、そして「いつも」と普遍化するのを止めにするのがコツだと言いましたが、「自分を落ち込ませた出来事」の記入欄で実践できましたか。

「もうダメだ」といった悲観的な受け止め方を「なんとかなる」といった楽観的な受け止め方に変えることも必要です。

◆

自分の受け止め方の特徴として、それ以外の言葉が出てきた人もいるかと思います。その場合も、ワークの本文にあげられている事例と違うからよくわからないなどと言わずに、受け止め方のどのあたりが気持ちを落ち込ませるのかを考えてみましょう。それがわかったら、受け止め方をどのように変えたらよいかを考えましょう。

◆

だれにも「受け止め方のクセ」というものがあります。その悪いクセを見つけ出し、受け止め方を変えていくことで、落ち込みやすい自分を変えることができます。

出来事の受け止め方の改善点と改善のしかたがわかったら、常にそれを意識するようにしましょう。

ワーク
2

すぐにイラッとくる自分をなんとかしたい

すぐにカッとなってしまう自分、ちょっとしたことでイラッとしてしまう自分をなんとかしたいという人がいます。

たとえば、人から注意されるとイラッとくる。即座に言いわけしたり、ふて腐れたり、ときに逆ギレしてしまうこともある。そのせいで、職場の上司や先輩と気まずくなったり、プライベートでも友だちとの関係がぎくしゃくしたりすることがある。友だちの言葉や態度にイラッときて、攻撃的な態度をとり、気まずくなることがある。相手がこちらが期待するような対応をしてくれないときなど、イライラして、つい表情に出てしまったり、攻撃的なことを言ってしまったりする。仕事で思うような成果が出ないときなど、ムシャクシャして周囲に当たり散らしたり、感じの悪い態度をとったりしてしまう。

そんな自分をどうにか変えたいというのです。

このようにいちいち感情的に反応していたら、人間関係がぎくしゃくしてうまくいかなくなるし、自分自身も精神的にかなりきついでしょう。そんなに感情的にならなければ、人間関係もスムーズになるし、自分自身の気持ちも楽になるはずです。

では、なぜ、すぐにカッとなってしまうのでしょうか。なぜ、ちょっとしたことでイライラしてしまうのでしょうか。

✣

この場合も、感情コントロールができていないので、ものごとの受け止め方、つまり認知に問題があるのです。

認知のしかたを修正できれば、いちいち感情的に反応しなくなり、人間関係もうまくいき、気持ちも楽になります。

ワーク1の「落ち込みやすい人」の場合は、出来事のせいでなく認知が悪いせいで落ち込むのであり、認知がよくなれば落ち込みにくい心になるということでした。

ここでは、出来事のせいでなく認知が悪いせいでいら立ちを感じたり、怒りを爆発させたりするのであって、認知がよくなればいら立ちを感じにくい心になるということを心にとどめておきましょう。

たとえば、人から注意されると腹が立つという人。そのような人がよく口にするのが、「『上から目線』にイラッとくる」というセリフです。

注意されればだれでも多少は傷つくものですが、イラッときやすい人は、何ごとも「上下の図式」、いわば「勝ち－負けの図式」に当てはめて解釈する認知のクセをもっているのです。

注意されるのは、自分に至らない点があったわけで、自分に問題があるわけですが、それを「勝ち－負けの図式」に当てはめると、「負けた」ことになり、相手が「勝者」として「こっちを見下している」ということになります。

その証拠に、人から注意されるとイラッとくるという人は、アドバイスに対してもイラッとくる傾向があります。

アドバイスというのは、怒ったりバカにしたりして攻撃性をぶつけるようなものではなく、親切心によることが多いものです。

「こうすれば、もっと効率よくできるはず」

「大変そうだから、もっと楽にできる方法を教えてあげたい」

「知らないみたいだから、自分が知っていることを教えてあげよう」

などと思うからアドバイスするのであって、相手のことをどうでもいいと思っていたら、わざわざアドバイスなどしないでしょう。

その意味では、アドバイスというのは役に立つものであり、感謝すべきなのです。そのことを理屈ではわかっていても、つい感情的に反発してしまうのは、無意識のうちに「勝ち―負けの図式」を当てはめてしまっているからです。

その図式のせいで、

「親切に教えてくれて、助かった」

と受け止めるよりも、

「優位に立って、上からものを言ってきた」

と受け止めるのです。その結果、

「いかにも自分のほうがよく知っている」

「自分のほうがうまくできる」

とでも言いたげな、余裕のある態度が気にいらないということになります。そこで、

「あの『上から目線』がムカつく」

ということになり、イラッとくるわけです。

このように、人の「上から目線」にイラッとくるという人は、注意だけでなくアドバイスにもイラッときます。そこにあるのは、「勝ち－負けの図式」であり、相手が「勝者」で自分は「敗者」だといった意識です。

ここからわかるのは、すぐにイラッとくる自分を変えたいと思うなら、ものごとを「勝ち－負けの図式」で見るのをやめることが必要だということです。

それができれば、注意やアドバイスに対してイラッとくるよりも、今後の修正点として注意やアドバイスを有効に生かすことができるようになるし、人間関係のトラブルも減るはずです。

✣

もうひとつ大事なことがあります。それは、自分の中の欲求不満をある程度解消しておくことです。

これは【パート1】の5で紹介した〈欲求不満―攻撃仮説〉に関係することですが、欲求不満を心の中に抱えていると、人のなにげない言葉や態度にイラッときやすくなるからです。

赤ちゃんを出産したある人気タレントが、自身のブログで、お腹にいた赤ちゃんが自分の胸ですやすや眠っている寝顔を見ているととても愛おしく、味わったことのない幸せな気持ちに包まれ毎日感動しているといった主旨の書き込みをしたら、それに対して批判的な書き込みが相次ぐという、ちょっとした事件がありました。

それは、子どもを産めない女は幸せになれないっていうことか、子どもを産んだとたんに産んでいない女を見下し始めたなどといった批判でした。

そこにはうらやましい気持ちが働いているのが明らかに読み取れます。

ただし、ここまで攻撃的な書き込みをするとなると、ただのうらやましいという思いを抱いているだけではないでしょう。そこにはなにか別の思いが働いているはずです。

「赤ちゃんを抱いて見つめていると幸せな気持ちになる」

という言葉から、

「子どもを産めない女は幸せになれない」

といった攻撃的なメッセージを深読みしてしまう心理。それは、自分自身の中にあるネガティブな思いの投影といった側面が強いと思われます。

投影というのは、たとえば相手を攻撃したいという衝動を自分がもっているのを認めたくないとき、自分でなく相手が攻撃衝動をこちらに向けてくると思い込むことです。それによって、自分の中に攻撃衝動がうごめいていることを認めずにすむだけでなく、向こうが攻撃してくるからという正当な理由のもとに、相手に対して攻撃衝動を堂々と発散することができます。

さっきの事例でいえば、

「赤ちゃんを抱いて見つめていると幸せな気持ちになる」

という言葉にはなんの攻撃性も含まれていないのに、それを読む側の人物の中の攻撃衝動が触発されて、

「子どもを産めない女は幸せになれない」

というように攻撃的なメッセージを深読みしてしまうのです。結局、攻撃性は、

批判する人物自身の中にあるのです。

なぜ、そんなに攻撃的になってしまうのかといえば、日常の自分の生活に納得できず、欲求不満を抱えているからです。

✣

自分自身の生活に納得できず、欲求不満状態にあるため、幸せな人物がいると、自分がみじめに思えてきて、つい攻撃的になってしまうのです。

そこで活性化されがちなのが〈敵意帰属バイアス〉という認知の歪みです。

ふつうならとくに不快にならないような言動にも、いちいち感情的に反応する人がいます。なんでそこまでムキになるのだろう、そんなふうにひねくれた受け止め方をしなくてもいいのにと周囲の人は思うわけですが、そこにあるのが、なんでも悪意に解釈する認知の歪みです。

それがあるために、相手にはなんの悪意もないのに攻撃されたと誤解するのです。このような認知の歪みを〈敵意帰属バイアス〉といいます。それは、人の言葉や態度を敵意に帰属させる、つまり敵意をもっているからだとみなす認知傾向の歪みのことです。

たとえば、相手からなにか言われたとき、そこに勝手に敵意を感じとり、

「こっちのことをバカにしてるんだ」

などと悪く解釈する認知傾向です。

そのせいで、向こうは加害者、自分は被害者という感じになるため、自分に敵意を向けてくる相手への報復という意味で、相手に対して攻撃的な態度をとったりして、人間関係をこじらせることになりがちです。

たとえば、友だちのなにげない言葉や態度に敵意を感じ、

「私のことを仲間外れにしようとしてる」

「私のことを嫌ってる」

などと悪い方向に解釈します。

要するに、被害感情をもちやすいのです。その結果、相手に対して攻撃的な気持ちがわいてきて、つきあいがぎこちなくなったり、第三者にその人の悪口を言ってトラブルになったりしがちです。

そうした〈敵意帰属バイアス〉というような認知の歪みの背後には、「見下され不安」が潜んでいるものです。

見下され不安を抱えていると、「バカにされるのではないか」「軽く見られるのではないか」といった不安が強いため、人のちょっとした言動にも、

「私のことをバカにしてる」

「私のことを軽んじてる」

などと〈敵意帰属バイアス〉を示し、攻撃的な気持ちになりやすいのです。

人の言葉や態度にすぐにイラッときやすいという人は、これまでに人の言動にイラッときたときのことを思い出しながら、やたらと「勝ち－負けの図式」を当てはめる傾向がないか、自分の中に「見下され不安」がないか、日頃の人間関係の中で〈敵意帰属バイアス〉に踊らされていることがないか、ちょっと振り返ってみましょう。

［人の言動（言葉や態度）にイラッときたときのこと］について書いてみましょう

☞ 相手のどんな言動にイラッときましたか

☞ そのとき自分はどのように受け止めましたか

☞ その受け止め方のどこかに問題はありませんか

☞ どんな受け止め方ができればよかったと思いますか

✎ どんなふうに書こうか迷っているあなたへ。
たとえば……

［人の言動（言葉や態度）にイラッときたときのこと］
について書いてみましょう

☞ 相手のどんな言動にイラッときましたか

職場の同僚から、「なんでそんなやり方するの？ こういうふうにすれば能率がいいのに」と言われ、イラッときたことがあった。

☞ そのとき自分はどのように受け止めましたか

いかにも自分のほうがよくできると誇示しているようで、こっちのことをバカにしていると感じ、イラッときたんだと思う。

☞ その受け止め方のどこかに問題はありませんか

もしかしたら相手は単に親切のつもりで言ったのに、こっちが勝手にひがんだのかもしれない。

☞ どんな受け止め方ができればよかったと思いますか

「こっちにはこっちのやり方がある。でも、親切に教えてくれたんだし、言ってくれるだけありがたい」というように受け止めればいいのでは。

人のどんな言葉や態度にイラッときやすいか、自分の特徴がわかりましたか。どんな言葉や態度にイラッときやすいかがわかるだけでも、それを心にとどめておくことで、イラッときやすい自分にブレーキをかけることができます。

◆

でも、もっと根本的な対策をとることで、イラッときやすい自分から脱することができます。それは認知の歪みを正すことです。

たとえば、人からアドバイスされてイラッときたという人は、相手の言い方や表情を思い出すことで、向こうにはこちらをバカにする気持ちなどなかったことがわかるはずです。

さらに言えば、向こうに悪意があれば、こちらにアドバイスなどせずに、能率の悪いやり方をしているのを見て心の中であざ笑っていればいい。わざわざ能率のよいやり方を教える必要はない。そのように考えてみると、イラッとくるどころか感謝の気持ちさえわいてくるはずです。

そんなふうにしてイラッときたときの自分の受け止め方を振り返り、その歪みと改善法について考えてみましょう。

◆

イラッときやすいのは、相手のせいではなく、自分の受け止め方が歪んでいるせいなのではないか。そのような視点からチェックしてみると、自分の認知の歪みと改善法がみえてくるはずです。

ワーク
3
嫉妬深い自分を変えたい

嫉妬深い自分がイヤなのに、どうしても嫉妬してしまう。そんな自分を変えたいという人がいます。

いつも話の輪の中心にいる友だちがうらやましくて、つい素っ気ない態度をとってしまう。恋人ができた友だちに、口では「よかったね」と言いつつ、心の中には悔しい思いがあり、恋人の態度が冷たいと嘆くのを慰めつつも、「いい気味だ」と思っている自分がいる。仕事でうまくいった同僚を祝福する気になれず、つい敵愾心(てきがいしん)を燃やしてしまい、その同僚がミスをしたりすると、内心喜んでいる自分がいる。

そんなちっぽけでいじけた自分がイヤでたまらない。なんとか嫉妬深い自分を変えたいというのです。

口では「よかったね」と言いつつも、悔しい思いを抱えている。仕事でうまくいった同僚を心から祝福する気になれない。その程度なら、よくあることと言えます。

嫉妬する心を捨てるのは非常に難しいものです。

でも、口では慰めながら、心の中では「いい気味だ」と思っているとか、同僚のミスを内心喜んでいるということになると、さすがに穏やかではありませんね。そんな自分がイヤになるのも当然のことでしょう。

うらやましい気持ちが強すぎると、つい攻撃的な気持ちがわいてしまうものです。

でも、それはだれにでもあることです。

「友だちの幸せを心から祝福できない自分には、友だちの資格なんかない」

「同僚の活躍に嫉妬して、失敗するように祈ったり、ミスを喜んだりするようじゃ、人間失格だ」

などと自己否定しないことです。

とくに嫉妬深い性格でなくても、仕事や勉強で成功している人や順調にいっている人、人間関係が上手な人、恋愛がうまくいっている人など、総じて幸せそうな人に対しては、だれでもねたましい思いに駆られるものです。

それが、ごくふつうの人間心理の法則なのです。ちっぽけで情けないかもしれませんが、それが人間らしさでもあるのです。

そこにあるのは比較心理です。

✣

なぜ私たちは、なにかと比較するのかといえば、自分が恵まれているのかどうか、自分が幸せなのかどうか、というようなことには、絶対的基準がないからです。

たとえば、自分の収入に満足すべきかどうかに絶対的基準がないから、世の中の人たちの平均収入が気になるのです。平均と比較して、それより多ければ満足するし、それより少ないと不満をもつわけです。

でも、自分が仕事ができる人物かどうかとか、自分が幸せかどうかといったことになると、世の中の平均値という客観的基準がありません。そこで、身近な人と比べて判断することになるのです。

心理学では、他の人と比べることを〈社会的比較〉といいます。

平均値のような客観的基準がないときには、周囲の人と比べることで、自分が納得すべきかどうか、満足すべきかどうかを判断するわけです。

嫉妬深さも、このような比較心理に発するものといえます。

自分が有能かどうか、自分が幸せかどうかを知りたいというときは、身近な人と比較することになります。なぜなら、似たような立場の人でないと比較基準にならないからです。

起業して成功している飛び抜けて有能な著名人、特別な才能が光っている有名タレント、あるいはだれもが知っているようなスポーツ選手と自分を比べても、あまりに境遇も才能も違いすぎて意味がありません。

そこで、似たような立場の身近な人と自分を比較するのです。ゆえに、嫉妬の対象も身近な友だちとか同僚になるわけです。

友だちでもなんでもない人に対して攻撃的になるならともかく、身近な友だちの成功や幸せを素直に喜べず、嫉妬して攻撃的な気持ちをひそかに抱いてしまう自分がイヤだ、許せない。そのように自分を責める人がいますが、それはまったく気に病むことはありません。身近な友だちだからこそ、ねたましいし、嫉妬するのです。

よく知らない人が宝くじに当たってもなんとも思わないのに、友だちが宝くじに当たると、うらやましくてしかたない。あまりつきあいのない職場の同僚に恋人ができて幸せそうでもなんとも思わないけど、友だちに恋人ができて幸せそうだと、なんだか自分がみじめに思えて、ねたましくなる。ほとんど口をきくことのない同期が仕事で成功して表彰されたり昇進したりしてもなんとも思わないのに、友だちが仕事で成功して表彰されたり昇進したりすると、「自分は何してるんだろう」とちょっと落ち込み、友だちのことを嫉妬してしまう。

このような心の動きは、ごく自然なものといえます。

ただし、軽く嫉妬するだけでなく、その人の失敗や不幸を願ったり、面と向かってイヤ味を言ったり、その人の悪口を陰で言ったりするような自分にはなりたくないですね。そんな自分を意識するのはつらいものです。

✣

そこで大切なのは、なにか自信のもてる領域をもったり、自分の生活を充実させたりすることです。

自分に自信がもてれば、なにかで自分より優位に立つ人が身近にいても、嫉妬で攻撃的にならずにすみます。

あるいは、仕事でも趣味でも、プライベートな人間関係でも、日々の生活が充実していれば、なにかで自分より優位に立つ人が身近にいても、嫉妬に駆られて見苦しい姿を見せるようなことはないはずです。

たとえば、だれとでもすぐに打ち解けて親しく話せ、いつも話の輪の中心にいる友だちを見れば、

「いいなあ。あんなふうにだれとでもすぐに仲よくなれて」

とうらやましく思うとともに、

「それに比べて、私は……」

と落ち込みます。それでも、別の面で自分に自信がもてたり、自分の現状に満足していたりすれば、とくに嫉妬深くなったりしないはずです。

「私は、人見知りするし、社交性は低いけど、異性にはもてるほうだ」

「僕は、あんなふうにだれとでも打ち解けてしゃべれるわけではないけど、遠

慮なしになんでも話せる親しい友だちがいるから」

「だれとでもすぐに仲よくなれるのはうらやましいけど、私のほうがきっと仕事生活は充実してるはず」

などと思えれば、うらやましくは思っても、足を引っ張ろうとするような攻撃心はわいてこないでしょう。

嫉妬深い自分がイヤになることがあるという人は、人に対して嫉妬を感じたときのことを思い出しながら、つぎのワークをやってみてください。

[人に嫉妬心を感じたときのこと] について書いてみましょう

☞ どんな出来事に嫉妬心を刺激されましたか

☞ そのとき自分はどんな言動（言葉や態度）をとりましたか

☞ そのときの内心の反応はどうでしたか

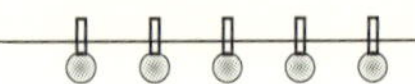

「嫉妬心を和らげるために日頃からどのように心がけたらいいか」思いつくだけ書いてみましょう

ワーク3
アドバイス

どんなときに嫉妬しやすいか、嫉妬したときどんな言動をとりやすいか、そうした自分自身のパターンが少しはつかめたのではないでしょうか。

自分自身のパターンがつかめれば、どんなときに自分が嫉妬から見苦しい言動をとりやすいかがわかるので、気をつけることができます。

さらには、嫉妬に駆られてイヤなことを言ったり、感じの悪い態度をとったりしたときの自分の内心の反応を思い出すことで、嫉妬に駆られると後味の悪さばかりが残り、ろくなことはないことを改めて強く感じるはずです。

◆

嫉妬に駆られて見苦しい言動をとるようなことはしたくないものです。そこで大切なのが、なにか自信のある領域をもったり、生活を充実させたりすることです。

そのために、あなたが日頃から心がけるべきことはなにか、今すぐあなたにできそうなことはなにか。もう一度ワークに戻って、じっくり考えてみてください。

◆

なにをすべきか、なにができそうかを考えるにあたって、ヒントになるのはこれまでにうまくいった経験です。

こんなことでほめられたことがある。こんな領域で人よりうまくいったことがある。そうした経験を掘り起こすことで、こんなことはわりと得意なほうかもしれないというように、自信のもてる領域に気づくことができます。

また、どうしたら生活を充実させることができるかを考えることも必要です。

時を忘れて夢中になるようなことはなかったか、これをしていれば楽しいということはないか、これだけはいくら長時間していても飽きないというようなことはないか、充実感を味わったことはなかったか、というように振り返ることで、少しでも充実した生活にするためのヒントが得られます。

ワーク4
人の目が気になって苦しい

人の目が気になってしようがないといって、人の目を気にする自分を脱したいという人がいます。

何人かで話しているときなど、人の話を聞いていて、なにか言いたいことが思い浮かんでも、

「こんなことを言ったら気分を害する人がいるかな」

「こんな話をすると変に思われるかな」

といった思いが頭の中を駆けめぐり、ためらっているうちに話題が変わってしまい、発言の機会を失うことが多い。結局、黙って聞き役に徹する感じになって、ストレスがたまる。言いたいことを思いつくままに言える自由な感じの人がうらやましい。

そんなふうに人の目を気にする自分のことを嘆きます。

そのような思いに共感する人は、じつは非常に多いのではないでしょうか。相手からどう思われるか、相手がどんな気持ちになるかが気になって、なかなか思ったことを言えないというのは、多くの人が口にするところです。

人の目から自由になれたらどんなに楽か。それは、だれもが思うことでしょう。

でも、人の目が気になるのは、つぎの二つの意味で、しかたのないことなのです。というよりも、人の目が気にならない人のほうが、どちらかというと社会適応が悪くなりがちであり、人の目を気にするのは必要なことなのです。

✣

まず第一に、私たちの自己イメージは人の目によってつくられているため、人の目に敏感でない人は、勘違いの多い人間になっているものです。まずは、そのことから説明しましょう。

社会学者クーリーは、自己とはすべて社会的自己であり、人の目に映ったものという意味で〈鏡映自己(きょうえいじこ)〉であると言いました。

それは、私たちの自己は他者との相互作用を通して形成され、他者を鏡にして映し出すことによって知ることができるということです。

鏡に映さないと自分の顔がわからないように、他者を鏡にしないと自分のことがよくわからない。だから、人の目に映った姿が自己なのである。そのように言われると、

「人の目に映る姿が自己だなんて、おかしい。納得いかない」

と思う人もいるはずです。

でも、ここでちょっと考えてみてください。あなたの自己イメージは、どのようにして手に入れたのでしょうか。

まず、あなたの自己イメージを簡単に書いてください。箇条書きでけっこうです。（記入欄は99頁にあります）

そして、なぜ自分のことをそのように思うようになったのかをじっくり振り返って思い出してみてください。何かきっかけがあったり、人からよく言われた言葉があったりするものです。それを記入してください。

このようなワークをしてみると、私たちの自己イメージは、人から言われた言

葉や、人からとられた態度によってつくられたものだということがよくわかると思います。

たとえば、子どもの頃に、親から、

「あなたは神経質な子だね」

と言われたり、学校の先生から、

「君はけっこう細かいことを気にするんだね」

と言われたりすることで、「自分は神経質で、細かいことを気にする」といった自己イメージがつくられます。

日常的に接している友だちから、

「あなたはほんとにやさしいね」

と言われたり、先生から、

「あなたはやさしい子ですね」

と言われたりすることで、「自分はやさしいんだ」と思うようになります。

友だちから相談されることが多いと、「自分はけっこう人から頼られるタイプなんだ」と思うようになります。

子どもの頃から友だちから気やすく声をかけられることがなく、大人になってからも職場の人たちから気やすく声をかけられることがないと、「自分はちょっととっつきにくいところがあるようだ」と思うようになります。

このように、私たちの自己イメージは、人の目によってつくられているわけです。

それゆえ、人の目をあまり気にしない人、いわば人の目に鈍感な人を、人の目を気にせずに自由に生きていてうらやましく思うかもしれませんが、勘違いの自己イメージをもっていたりするものです。

勘違いしがちなのは自己イメージだけではありません。相手の気持ちに対する配慮をせずに、場違いな反応や相手を困らせるような反応をする傾向もあります。

たとえば、周囲の人たちがうんざりしているのに、そんなことにはお構いなしにしゃべり続ける人。相手からあまりよく思われていないのに、それに気づかず親しいと思い込んで、いろいろ誘う人。相手が迷惑がっているのに、それに気づかずに親切の押し売りをする人。そのような人は、人の目から自由に生きているとはいっても、けっしてうらやましくはないはずです。

✣

そして、私たちが人の目をとても気にするもうひとつの理由があります。それは、私たちが〈間柄の文化〉に生まれ育っているからです。

私は、専門とする「自己」の心理学の立場から、欧米文化を〈自己中心の文化〉、日本文化を〈間柄の文化〉と名づけています。

〈自己中心の文化〉というのは、自分が思うことを思う存分主張すればよい、ある事柄を持ち出すか持ち出さないかは自分の意見を基準に判断すればよい、とする文化のことです。そこでは、なにごとも自分自身の気持ちや立場にしたがって判断することになります。

欧米の文化は、まさに〈自己中心の文化〉といえます。そのような文化のもとで自己形成してきた欧米人の自己は、個として独立しており、他者から切り離されています。

一方、〈間柄の文化〉というのは、一方的な自己主張で人を困らせたりイヤな思いにさせたりしてはいけない、ある事柄を持ち出すか持ち出さないかは相手の気持ちや立場を配慮して判断すべきである、とする文化のことです。そこでは、なにごとも相手の気持ちや立場を配慮しながら判断することになります。

日本の文化は、まさに〈間柄の文化〉といえます。そのような文化のもとで自己形成してきた日本人の自己は、個として閉じておらず、他者に対して開かれています。だから人の目が非常に気になるのです。人の気持ちや立場を配慮するには、人がどう思っているかを気にせざるを得ないのです。

人の気持ちなどどうでもいいと思えば、人の目など気にせずに自分勝手にできるのですが、そんな身勝手なことはできません。「人の目」＝「相手の思い」を意識することで利己的な思いをコントロールしているのです。

このような日本的な自己のあり方に対して、欧米かぶれの人たちは主体性がなく未熟だなどと批判的なことを言います。

でも、日本文化の基準からすれば、他者から切り離され、個として独立した欧米的な自己こそ、他者のことを配慮できず、利己的で未熟だということになります。

「間柄の文化」に特有の、自己主張を適度に抑え、相手を尊重しようという、個として凝り固まらない、他者に対して開かれた姿勢が、争いごとの少ない調和的な社会を生み出しているのです。

このようにみてくると、人の目が気になるというのは当たり前のこと、とくに日本人としてはむしろ必要な性質なので、べつに気に病むことはないとわかるでしょう。

[自己イメージ] を書いてみましょう

☞ どんな自己イメージをもっていますか

☞ なぜそのような自己イメージをもつようになったと思いますか

ワーク4 アドバイス

いくつかの自己イメージが記入できたと思います。そうしたイメージをなぜもつようになったかを思い出せたでしょうか。

自分のことは自分が一番よく知っていると思いがちですが、このワークを通して、じつは自分自身について抱いているイメージは、人から言われたことや示された態度によってつくられた部分が大きいとわかったはずです。

◆

すでに解説したように、社会に適応するためにも、自己イメージをもつためにも、私たちは人の目を気にすることが必要なのです。

人の目が気になって困るという人は、まずはそのことを心にとどめておきましょう。人の目が気になってしようがないときには、だれでも人の目は気になるものなのだ、それがだれにでも当てはまる心理法則なのだと自分に言い聞かせましょう。

◆

人の目を気にしない人のほうが、自分が人からどう見られているかがわからない「勘違い人間」になっていたり、人の気持ちを考えずに傍若無人に振る舞う失礼な人間だったりします。

このことを知っていれば、人の目を気にしながらも、少しは気が楽になるのではないでしょうか。

ワーク
5

引っ込み思案な自分をなんとかしたい

引っ込み思案な自分を変えたいという人がいます。

最近、コミュ力（コミュニケーション力）とかコミュ障（コミュニケーション障害）といった言葉をよく耳にするけど、どうもコミュニケーション力に自信がない。そのため人づきあいに消極的になってしまう。このまま人間関係に対する苦手意識を克服できないと、自分から世界を狭めてしまうので、引っ込み思案な自分をどうにか変えたいというわけです。

引っ込み思案な人は、コミュニケーション力に自信がないため、相手に悪い印象を与えるのではないかといった不安を抱えているものです。

いわゆる〈対人不安〉が強いのです。

たとえば、ママ友の集まりに顔を出してはいるものの、個人的に誘い合って出

かけるような相手がいないのがさびしいという人もいます。ときどき集まるメンバーの中に、感じのよい人がいて、

「もっと親しくなりたいな。個人的にお茶したり、一緒に買い物に行ったりできるようになれるといいな」

と思っても、コミュニケーション力に自信がないため、

「誘っても、断られたら気まずいし……」

「向こうが断りにくくて、イヤイヤつきあってくれたりしても悪いし……」

などと、頭の中でネガティブな思いが渦巻き、なかなか思い切って声をかけることができません。

職場の同僚に好感のもてる人がいて、ときどき一緒に帰ることがあるため、一緒に食事でもして帰らないかと声をかけたいと思うのだけど、

「いきなりだから、都合が悪いかもしれないし……」

「イヤそうな反応されたら傷つくし……」

などと思うと、誘う勇気がわいてこないという人もいます。

いきなりだから相手が都合が悪いということも、十分あり得るでしょう。そん

なとき、コミュニケーション能力に自信があり、対人不安のない人なら、

「都合が悪ければ断るだろうし、強引にならないように誘ってみよう」

と思って、気軽に誘うことができます。もし都合が悪くて断られても、

「じゃあ、またの機会に」

と、べつに傷つくことなく、つぎにつながるような言葉をかけます。

✣

対人不安の強い人の中には、親しくつきあえる仲間がほしいと思っているくせに、いざ向こうから声をかけられ、一緒にお茶したり、ショッピングに出かけたりするようになると、誘いを断るようになる人がいます。なぜ断るのかといえば、相手から好感をもたれる自信がないからです。


共に行動できる仲間ができたのはうれしいのですが、コミュニケーション力に自信がないため、

「私なんかと話しても楽しくないかもしれないし……」

「あまりしょっちゅう一緒にいると、きっと飽きられちゃう」

などといった不安な思いが頭をもたげてきて、このまま親しく会い続けるのが怖

くなるのです。

このような事例をみて、「自分にもそんな傾向があるな」と思う人は、対人不安の強いタイプといえます。

自分の心の中にある対人不安の扱い方にはコツがあります。

たとえば、異性の前でガチガチに緊張する傾向のある人が、

「緊張しないようにしなくちゃ」

と思うと、よけいに緊張してしまうものですが、

「緊張したほうがかわいらしい印象になるから、思い切り緊張したほうがいいよ」

と言われると、かえってリラックスできたりします。

いわば、対人不安をなくそうとか隠そうとかせずに、対人不安の強い自分を受け入れるのです。対人不安に長年苦しめられているとしたら、なくそうとしたところでそう簡単になくなるものではありません。だったら、そんな自分を受け入れるしかありません。

✣

対人不安の強い自分も捨てたものではないと思えるような理由があればいいのにと思うかもしれません。じつは、それがあるのです。

最近の心理学の研究によって、〈不安の効用〉が発見されつつあるのです。

不安だからこそ、用意周到になれて、人間関係がうまくいくことがあることが、心理学の実験で証明されています。

たとえば、人にものを頼む実験では、不安が多くの対人関係上の恩恵をもたらすことが証明されています。端的に言えば、不安の強い人のほうが、用心深く相手の気持ちを配慮し、礼儀正しく、丁寧にかかわる傾向があるのです。

頼みごとをする際には、うまく受け入れてもらえるように、適度にていねいな頼み方をする必要があります。そんなとき、不安が強い人のほうが、用心深く相手の反応を予想し、礼儀正しく、洗練された頼み方をすることがわかりました。

それに対して、不安があまりない人は、自分の立場しか眼中にないような強引な頼み方をして、失礼な人物といった印象を与えることがあります。

このような実験結果によって、対人不安の強い人のほうが、人とかかわる際に慎重になり、相手の気持ちを考えて、イヤな感じを与えないようにものの言い方を調整しようとするため、対人関係がうまくいきやすいということがわかっています。

ここでさらに指摘したいのは、対人不安が相手の気持ちに対する共感能力と関係しているということです。

つまり、対人不安の強い人のほうが人の気持ちがよくわかるのです。

対人不安と共感能力の関係が検討されていますが、そのような調査や実験によって、対人不安の弱い人より強い人のほうが、人の気持ちに対する共感性が高く、相手の表情からその内面を推測する能力も高いことが証明されています。

対人不安が強いということは、用心深さに通じます。その用心深さが、相手の心理状態に注意を払うといった心理傾向につながっています。そのため、相手の気持ちがよくわかり、適切な対応ができるのです。

それに対して、対人不安があまりないと用心深くならず、相手の心理状態にあまり注意を払わないため、相手の気持ちをうまく汲みとることができません。

たとえば、対人不安の強い人は、人になにか言うときも、

「こういう言い方をしたら、気分を害するかもしれない」

「傷つけるようなことを言わないようにしなくては」
「うっかりすると誤解されかねないから、言い方に気をつけないと」
などと考え、言葉を慎重に選び、言い方にも気をつかいます。

それに対して、対人不安があまりない人は、相手がどう受け止めるか、どんな気持ちになるかなどを気にせずに、思うことをストレートにぶつけたりするため、相手の気分を害したり、傷つけたりして、人間関係をこじらせてしまうことになりやすいのです。いわば、無神経な言動をしてしまう可能性が高いわけです。

このようにみてくると、対人不安が強くて、人に気をつかう性格というのも、けっこうよいところがあるとわかるでしょう。

それゆえ、無理に対人不安をなくそうとしないことです。対人不安の強い自分とうまくつきあっていけばよいのです。

✣

対人不安が強いと、人づきあいに気をつかって苦しいときもあるでしょうけど、その繊細さのお陰で人の気持ちに対する共感性が高いわけだし、相手の気持ちを傷つけるような無神経なことを言ったりしないですむのです。いわば、相手にとって、感じのよい人物でいられるわけです。

そう思えば、対人不安の強い自分を受け入れられるだろうし、対人不安を抱えながら、多少は積極的に人とつきあえるようになるでしょう。

自分は引っ込み思案なところがある、対人不安が強くて人間関係に消極的なところがあると思う人は、これまでに紹介した心理学の研究成果を参考に、人づきあいが苦手で不安が強いことのメリットについて、思いつくだけ書いてみてください。

対人不安が強く、引っ込み思案な性格を無理に変えようとしなくても、そのような性格のメリットがわかれば、人づきあいの場面で多少は気持ちに余裕が出てくるはずです。

[対人不安が強いとどのようなメリットがあるか]
思いつくだけ書いてみましょう

ワーク5
アドバイス

対人不安が強い、つまり人づきあいに気をつかいすぎて不安が強いことのメリットをどのくらいあげることができましたか。

対人不安が強いと、いろいろ気をつかいすぎて疲れるばかりだし、なかなか親しい相手ができないという人、あるいはメリットがあるなんて思えないという人や、メリットといわれてもあまり思いつかないという人は、この項目の本文をもう一度読み返してみてください。じつはメリットもいろいろあるのだとわかるはずです。それを右頁のワーク欄に記入してください。

対人不安をなくそうとしても、そう簡単になくなるものではありません。でも、対人不安が強く、引っ込み思案な性格にもメリットがあるということがわかれば、無理に性格を変えなくても、人づきあいの場面で多少は気持ちに余裕がもてるようになるはずです。それによって、性格は変わらなくても、これまでよりも人づきあいに積極的になれるでしょう。

ワーク
6

人と気持ちを通い合わせるのが苦手

人となかなか親しくなれない、心の距離を縮めることができないのが悩みだという人がいます。

そのような人の悩みを聞いていると、主に二つのタイプがあります。

✣

ひとつは、遠慮しすぎて心理的距離が縮まらないというタイプです。

たとえば、人に対してとても気をつかっているのに、なかなか親しくなれない。言葉づかいや態度で失礼がないように気をつけているし、ずうずうしくならないように常に遠慮深くしている。それなのに、どうも親しい雰囲気になりにくい。そのように言います。そこで、

「自分は人に対して失礼にならないようにちゃんと気をつかってるのに、遠慮

がなく、失礼なことも平気で言う人のほうが、なぜか親しくなってるって感じることはありませんか？」

と尋ねると、

「そうなんです。なんであんな無神経でずうずうしい人が煙たがられずに、かえって親しい感じになるんだろうって、世の中、ちょっとおかしいんじゃないかって思うことが、ほんとによくあります」

と、勢いづいて文句ありげに言います。

じつは、そこに見逃している大事なポイントがあるのです。

それは、遠慮のしすぎは心理的距離を縮めるのに邪魔になるということです。

ちょっと想像してみてください。

知り合って間もない頃から、ざっくばらんなしゃべり方で親しげに話してくる相手だと、こちらもしゃべりやすいし、親しみがわくでしょう。

それに対して、いつまでたってもかしこまった感じで、型を崩さず、ていねいな言葉で話してくる相手だと、「礼儀正しくて、きちんとした人だな」といった印象にはなりますが、こちらも型を崩しにくいし、なんだか堅苦しくて、なかなか打ち解けた感じでしゃべりにくいのではないでしょうか。

どうでしょうか。思い当たることがあれば、これから人に対するときのスタンスを少し意識して変えていくのがよいでしょう。

失礼にならないように礼儀正しく、ていねいな言葉でしゃべるのは大切なことですが、相手に親しみを感じさせないことには心理的距離は縮まりません。こちらが堅苦しい感じでいると、

「この人は非常に礼儀正しい人みたいだから、うっかり型を崩すと気分を害するかもしれないし、失礼のないようにしないと」

などと相手も考えるため、型を崩せず、いつまでたっても親しい雰囲気になることはありません。

失礼のないように気をつけながらも、あまり遠慮しすぎないようにして、多少ざっくばらんなしゃべり方をしたり、ちょっとプライベートなことも言ってみるなど、堅苦しくならないようにすることが大切です。

✣

もうひとつは、相手に心から関心を向ける気持ちの余裕がないというタイプで

す。

いわば、自分のことで精一杯で、相手のことにあまり関心がないのです。

それは自然に相手に伝わります。相手は、

「全然こっちに関心を向けてくれない」

と、さびしい思いになります。これでは気持ちは通い合いません。

本人としては、相手に関心を向けていないつもりはないため、

「なんで気持ちを通わせることができないんだろう」

と悩むわけですが、じつは無意識のうちに、自分のほうから相手を拒否しているのです。たとえば、人と気持ちを通い合わせるのが苦手だという人に、

「あなたは意識していないかもしれませんが、自分のことで精一杯で、相手のことにあまり関心がないいんじゃないですか？」

と尋ねると、即座に否定します。

「そんなことはないです。相手のことをずいぶん意識するほうです」

などと言います。そこで、

「相手のことを意識するというのは、こっちのことをどう思ってるのだろうか、

好意的に見てくれてるだろうか、こっちの言ったことで気分を害したのだろうか、一緒にいてもつまらないって思ったりしていないだろうか、というようなことを意識しているということじゃないですか？」

と問いかけると、

「そうですね、たしかにそんな感じかもしれません」

と答えます。さらに、

「それって、相手に関心があるのではなくて、相手がこちらのことをどう思っているかが気になるっていうことではないですか？」

と問いかけると、

「そうです、こっちのことをどう見てるのかっていうのがすごく気になるんです。それって大事じゃないですか」

などと言います。

「やっぱり、相手のことを気にかけているのではなくて、相手の目に映る自分の姿が気になるわけですよね。それじゃあ、相手はさびしいんじゃないですか？」

と言うと、ようやく自分のことで精一杯で相手のことを見ていないこと、相手に関心を向けていないことに気づきます。

このタイプの場合は、まずは、自分のことで精一杯で、ほんとうの意味で相手のことを見ていない、相手に関心を向けていないということに気づくことが大切です。

それに気づくことで、目を自分の外に向けることができるようになります。

「自分はどう見られてるんだろう」

という意味で相手のことを気にするのではなく、

「なんだか今日は元気がないなあ。なにか悩むことや落ち込むことがあるのかなあ」

「やたらテンションが高いけど、なにかよいことがあったのかな」

などと、相手そのものに関心を向けることができるようになります。

自分のことばかり気にするのではなく、相手のことをちゃんと見つめられるようになれば、そうした姿勢は自然に相手にも伝わるので、徐々に気持ちが触れ合えるようになります。

大切なのは、視線を自分の外に向けることです。人に対してほんとうに関心を向けることです。

✣

遠慮しすぎて、なかなか型が崩せないため、心理的距離が縮まらないタイプと、自分のことで精一杯で、相手に心から関心を向ける気持ちの余裕がないために気持ちが触れ合わないタイプについて、解説してきました。

自分は人と気持ちを通い合わせるのが苦手だと思う人は、以上の二点を踏まえて、自分のどういうところが人と気持ちを通い合わせるのを妨げているのかを振り返ってみてください。いろいろな場面を思い浮かべて、思い当たることを箇条書きでよいので書き出してみてください。

つぎに、人と気持ちを通い合わせられるように自分の行動パターンを変えるために、自分にできそうなことを箇条書きであげてください。

[自分の行動パターン] について箇条書きしてみましょう

☞ 人と気持ちを通い合わせるのを妨げていると思われる
自分の行動パターン

☞ 自分の行動パターンを変えるために自分にできそうなこと

ワーク6 アドバイス

人と気持ちを通わせるのが苦手だという人は、なにか理由があるはずです。本文では、遠慮しすぎて型を崩せないために心理的距離がなかなか縮まらないタイプと、相手からどう見られているかばかりを気にして、相手そのものに関心を向けないために気持ちが触れ合わないタイプを指摘しました。

◆

自分の行動パターンを振り返って、このいずれかに当てはまると思う人は、本文を参考にすれば、自分の行動パターンを変える方向性がつかめるでしょう。自分の行動パターンを変えるためにすべきこと、できそうなことが思いつかないという人は、本文の解説をもう一度読み直してください。自分にできそうなことを思いつくことができたら、それを実行するように心がけましょう。

自分はどちらのタイプでもないという場合は、なにが妨げになっているのかを見極め、そこを変えるためにできそうなことを考えてみましょう。

ワーク
7

自己主張できず、いつも損をしてばかり

言いたいことが言えなくてストレスがたまる、ちゃんと自己主張できるようになりたいけど感じの悪い人にはなりたくないし。それでどうしたらよいか悩む、という人がいます。

最近は、学校でも自己主張やディベートの訓練をしたりするせいか、遠慮なく自己主張する人がいるから、言いたいことがなかなか言えない自分はいつも損をしてばかりだ、と言うのです。

たとえば、いまやっている仕事だけでも手一杯というような状況で、先輩から仕事を振られそうになったとき、はっきり自己主張のできる人は、

「いま、ちょっと手一杯なんです。すみません」

とあっさり断るけど、自分は即座に断れず、躊躇しているうちに引き受けること

になってしまい、一人遅くまで残業しながら、

「なんであのとき、すぐに断れなかったんだろう」

と自己嫌悪に陥ってしまう。

会社が新たなプロジェクトチームを立ち上げることになり、上司から、

「だれかチームに入りたかったら、候補者として推薦しておくが、どうだ？」

と言われたとき、自分がとても興味をもっていることなので立候補したいのに、

「先輩たちを差し置いて、ずうずうしくないかな」

「とくに実績があるわけじゃないから、立候補なんて身のほど知らずかも」

などといった思いが頭の中を駆けめぐっているうちに、なんの実績もない後輩が、

「私、やりたいです。推薦してください」

と、躊躇することなく立候補し、上司の推薦を取り付けてしまう。

そのようなことがしょっちゅうあって、自己主張できない自分がイヤになる、と言います。遠慮しすぎて、言いたいこともはっきり言えない。イヤなこともはっきりイヤと言えない。つい人の顔色をうかがって、自己主張を控えてしまう。

そんな自分がイヤなのだというわけです。

自己主張が苦手だといって悩む人は、じつは非常に多いのです。それには文化的要因が深く関係しています。

✣

ワーク4で、欧米流を〈自己中心の文化〉、日本流を〈間柄(あいだがら)の文化〉と私が定義づけていることを紹介しましたが、そのことを思い出してください。

〈自己中心の文化〉というのは、自分が思うことを思う存分主張すればよい、ある事柄を持ち出すか持ち出さないかは自分の意見を基準に判断すればよい、とする文化のことで、そこではなにごとも自分自身の気持ちや立場に従って判断します。

それに対して、〈間柄の文化〉というのは、一方的な自己主張で人を困らせたりイヤな思いにさせたりしてはいけない、ある事を持ち出すか持ち出さないかは相手の気持ちや立場を配慮して判断すべきである、とする文化のことで、そこではなにごとも相手の気持ちや立場を配慮しながら判断します。

私たちは、〈間柄の文化〉で自己形成してきたわけですから、常に相手の気持ちや立場を配慮しながら自分の出方を決めるという心の構えになっています。そのため、相手の気持ちや立場を考えると言いたいこともはっきり言いにくくなったり、相手が期待していると思えばイヤなこともはっきりイヤと言いにくくなったりするのです。いわば、人の顔色をうかがうことになります。

これは、〈間柄の文化〉を生きる私たち日本人にとっては、ごくふつうの心の動きなのです。

試しに、つぎのチェックリストの各項目が、自分自身に当てはまるかどうか、チェックしてみてください。

①相手の依頼や要求が受け入れがたいときも、はっきり断れず、遠回しな言い方で断ろうとする
②相手の意見やアイデアに賛成できないときも、はっきりとは反対しない
③はっきり言わずに、相手に汲みとってほしいと思うことがある
④相手の出方を見ながら、自分の言い分を調節するほうだ

⑤これ以上はっきり言わせないでほしい、察してほしいと思うことがある
⑥相手の期待や要求を察して、先回りして動くことがある
⑦相手の言葉から、言外の意図を探ろうとするほうだ
⑧相手の気持ちを察することができるほうだ

どうでしょうか。〈自己中心の文化〉のもとで育った人なら、当てはまらない項目ばかりでしょうけれども、〈間柄の文化〉で育った日本人の多くは、ほとんどの項目が当てはまるはずです。

わりと遠慮なく自己主張するようになったといわれる若い人たちでも、ほとんどの項目が当てはまると答えます。

相手の気持ちや立場を考えると、なかなかはっきりと自己主張しにくいし、イヤなときもはっきりと断りにくく、曖昧な言い方をして相手に察してもらおうとする。たえず相手の気持ちを気にしながら応対する。それは、ごくふつうのことなのです。

欧米流のコミュニケーションを模範にしてロジカルなコミュニケーションを説くビジネス書が広く読まれていますが、日本人の多くは日常生活で〈間柄の文化〉にふさわしいコミュニケーションを使っています。

遠慮なく自己主張する人は、そのときは得をするかもしれませんが、文化的に不適応な行動スタイルをとっているわけですから、周囲から好ましく思われないでしょう。長い目でみれば場から浮いてしまう危険があります。

このようにみてくると、はっきりと自己主張できないのは、べつに情けないことではないとわかるでしょう。そこには相手の気持ちや立場に対する気配りがあるわけで、その思いやりや奥ゆかしさは、けっして否定すべきものではありません。

ただし、多くの人がそうであっても、なかには遠慮なく自己主張する人もいるため、遠慮していると損をするのも事実です。

また、イヤなときもはっきり断らずに相手が察してくれるのを期待するといっても、人それぞれに感受性が違うため、思うように察してもらえないこともあります。相手の気持ちや立場を配慮しつつも、ある程度の自己主張はできるようにするほうがよいでしょう。

✣

そこで必要なのが〈アサーション〉です。

アサーションというと、断固とした自己主張をイメージする人もいるかもしれませんが、カウンセリングや研修などで行われているアサーション・トレーニングがめざすところは、自分を抑えすぎず、相手にイヤな感じを与えることもない、上手な自己主張ができるようになることです。

いわば、我慢しすぎて自分を苦しめることもなく、強引な自己主張をして人間関係を阻害することもない、ほどよい自己主張のしかたを身につけることです。

たとえば、強引な言い方をせずに、やんわりと自己主張することができないと、相手にイヤな感じを与えてはいけないと思うあまり、我慢しすぎてしまいます。

イヤなこともイヤと言えない。相手に対して不満があったり、相手にわかってほしいことがあったりしても、うまい伝え方がわからない。そのため、

「こんなこと言ったら気まずくなる」

と思い、思っていることを言うことができない。それでストレスをため込み、苦しくなったり、ちょっとしたことでイライラしたりするわけです。うっかりすると感情を爆発させる危険も秘めています。

適切な自己主張ができるようになれば、自分自身のため込みも爆発も防ぐことができ、人間関係もスムーズにいくようになります。

✣

以上のことを踏まえて、これまで言いたいことを言えずに損をしたり誤解されたりしたこと、イヤなことをイヤと言えずに後で悔やんだことなどを思い出し、その場面で言いたかったことを記入してください。

そして、自分を抑えすぎず、相手にイヤな感じを与えないようにということを意識して、どのような言い方をすればよかったかを考えて、記入してください。いろいろな場面があったと思うので、思い浮かぶいくつかの場面について記入してみてください。

［はっきり自己主張できず後悔したときのこと］について書いてみましょう

☞ 自己主張できなかったのはどのようなことですか

☞ そのとき、どのような言い方をすればよかったでしょうか

ワーク7 アドバイス

自己主張が苦手なため、言いたいことも言えず、イヤなこともイヤと言えないという人も、適切な自己主張のしかたを身につけることで、損ばかりするストレスフルな状況を脱することができます。

ワークでは、言いたかったのに言えなかったことを思い出し、どのような言い方をすればよかったかを考えてもらいました。ここではほんのいくつかの事例について考えてもらっただけですが、自分のパターンが少しは見えてきたのではないでしょうか。

こういう状況になると、どうもはっきり言えずに自分を抑えてしまうというパターンがわかったら、このような言い方をすれば失礼にならない、ずうずうしい感じにならないというような適切な自己主張のしかたを、いろいろな状況を想定して考えておきましょう。そうしたシミュレーションをしておけば、徐々に必要な自己主張ができるようになるはずです。

ワーク
8

口べたな自分をなんとか変えたい

自分は口べたで、雑談が苦手だから、仕事でもプライベートでも人づきあいに苦労するという人がいます。

たとえば、取引先に行って新商品の売り込みをするときなど、新商品の特徴を資料を示して説明したり、相手方の質問に対して答えたりするのは、べつに苦手じゃないし、きちんとこなす自信はある。

でも、会ったとたんにカバンから資料を取り出して、その説明をするわけにもいかず、なにかどうでもいいような雑談をしなくちゃいけない。それが苦手で、なにを話したらよいのかわからなくて言葉が出てこない。

説明をし終えた後も、いきなり、「では、失礼します」と立ち去るのもおかしいし、あいさつ程度の雑談をしてから切り上げることになるのだけど、そこでなにを言えばよいかわからず、沈黙してしまう。

こんな口べたな自分をなんとか変えたいと言います。

社交的で話し上手な友だちは、どんなささいなことでもおもしろおかしくしゃべれて、いつも話の輪の中心になっているし、周囲の人の気持ちを和ませることができて、ほんとうにうらやましい。

社交的で話し上手な職場の同僚も、相手がだれでも気おくれせずにしゃべれて、取引先に同行しても、先方の担当者と笑いながら盛り上がっているので、自分だけ仲間外れみたいな感じがして、暗い気持ちになってしまう。

そんなふうに思う人は、社交性が乏しく、口べたな人といえます。

口べたな人の中には、雑学本や話し方のハウツーものをたよりに、雑談のネタを仕込んだり、盛り上がるしゃべり方を身につけようとしたりする人がいます。

社交的で話し上手な人をうらやましく思い、自分もあんなふうになりたいと思う気持ちはわかります。でも、そのような試みは、たいていうまくいきません。

口べたな人が無理に軽妙なしゃべりをしようとしてがんばっている姿を見ていると、どこかぎこちなさがあって、こっけいなことにならなければよいがと、見ている側がハラハラしてしまいます。

やはり、口べたな人が話し上手な人をまねるのは非常に無理があります。社交性にも遺伝的素質が関係していることが心理学の研究によってわかってきています。

社交性が乏しく、口べたな人には、その特徴を踏まえた自分の生かし方があるので、無理に苦手な領域で勝負しようなどと思わずに、自分の得意な領域で勝負すべきでしょう。

✣

では、どうしたらよいのか。私は、話し上手ではなく聞き上手をめざすことをおすすめします。

口べたな人は、人と話す場面では聞き手になることが多いはずです。聞き役には慣れているので、それを強みにするのです。口べたな人が、がんばっても話し上手になるのは難しいと思いますが、聞き上手になるのはそう難しいことではないでしょう。

人と気持ちよく話せる人、いわば対話上手な人は、つぎのようなコミュニケーション術を心得ています。

(1) 相手の話を真剣に聞く
(2) 一方的にしゃべらない
(3) 自分のことばかりしゃべらない
(4) 相手に関心をもつ
(5) 押しつけがましいことは言わない
(6) 相手の気持ちに共感する
(7) 話しにくそうにしていることをしつこく聞かない
(8) 適度に話を切り上げることができる

これなら口べたな人でも、なんとかなりそうな気がするのではないでしょうか。

話し上手な人は、しゃべりが得意なため、聞き役に回ってじっと相手の話を聞くのが苦手で、相手の話にじっくりつき合うことができずに、イライラしたりします。

でも、口べたな人は、しゃべるのは苦手でも、相手の話にじっくりつき合うことならできるはずです。

ここで改めて強調しておきたいのは、今の時代、みんな自分のことで精一杯だったり、忙しかったりして、人の話にじっくりつき合う人が少ないということです。逆にいえば、こっちの話にじっくりつき合ってくれる人は貴重な存在なのです。心理学的にいえば、〈心理的報酬価〉の高い人なのです。

「気持ちのいい人だなあ」

「あの人といると、ホッとする」

などと感じる相手は、いつも話の輪の中心にいて饒舌にしゃべる人よりも、こちらの言うことにしっかり耳を傾けてくれる人なのではないでしょうか。ホストやホステス、占い師のもとに足しげく通う人が多いのも、話を聞いてくれるからです。こちらの話にじっくりつき合ってくれる人は、とても魅力的な存在なのです。

✣

立て板に水のように流暢にしゃべる人は、飲み会とかバカ騒ぎする場ではもてはやされるでしょうけれど、ときにその軽やかさが軽薄に感じられたり、楽しいけれどじっくり話せる雰囲気じゃないなと思われがちです。

人から信頼される語り口の特徴として、つぎのような点を指摘することができます。

⑴軽々しい語り口にならない
⑵話し方に気持ちがこもっている
⑶相手の目を見ながら話す
⑷べらべら一方的にしゃべらない
⑸相手がしゃべり始めたら、すぐに聞き手に回る
⑹相手の言葉をさえぎらない
⑺わかりやすく、ていねいに説明する
⑻もぐもぐ言わず、言葉をはっきり発音する
⑼聞き取りやすい大きさの声で話す

トップセールスマンには、内向的で口べたなタイプが多いといわれますが、流

暢に言葉が出てこないからこそ、警戒心が解け、この人の話なら聞いてみようという気になるわけです。

大事なのは、言葉を並べ立てることではなく、気持ちを込めて話すことです。口べたでも、話し上手でも、どちらでもよいのです。だったら、無理に話し上手をめざすより、聞き上手をめざすことです。

どうですか。口べたであっても、聞き上手ならなれそうな気がするのではないでしょうか。

では、右にあげた対話上手な人のコミュニケーション術や人から信頼される語り口の特徴を参考にして、口べたな自分にもできそうな対話のしかたや心がけたい点を考えて、いくつでもあげてみてください。

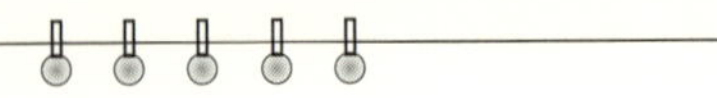
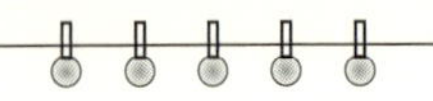

[口べたな自分にもできそうなこと、心がけたいこと] を
思いつくだけ書いてみましょう

ワーク8
アドバイス

ここでのポイントは、社交的で話し上手な人をまねようとするのではなく、聞き上手になるために自分にできそうなことを考えてみることです。

口べただからこそ、話し上手な人とは違う強みを出せるのです。

なかなか思いつかないという人は、134頁にあげた対話上手な人のコミュニケーション術の八つのポイント、136頁にあげた人から信頼される語り口の九つの特徴を参考にしながら、「これなら自分にもできそう」と思うものをチェックしてみましょう。

口べたな人でもできそうなことがいくつもあるはずです。なかには、むしろ口べただからこそできそうなこともあるでしょう。

できそうなことをピックアップできたら、それらを意識するようにして、今後人と話す場面ではその実践をするように心がけましょう。いきなりいくつも実践できるようにはならないので、欲ばらずにひとつずつ試してみましょう。

ワーク
9

相手によって自分が変わるのは多重人格？

相手によって自分の態度が別人みたいに変わるのだけど、自分は多重人格なのだろうかといった不安を口にする人がいます。

たとえば、友だちといるときの自分は陽気で楽しい人物っていうイメージがあると思うけど、家にいるときは陽気な感じはないだろうし、わりと機嫌がわるいことがあって、家族からはたぶんわがままと思われている。

友だちによっても自分のようすはずいぶん違うように思う。学生時代から仲のよい友だちといるときは、けっこう言いたい放題、毒舌を吐いて周囲を笑わせているのだけど、職場で仲よくしている友だちといるときは、冗談を言ったりはするけど毒舌を吐くようなことはなく、落ち着いた感じに見られていると思う。

同じく職場の友だちでも、いつも元気にはしゃいでいる人と一緒のときは、こっちも冗談を言ったりしてはしゃぐのに、もの静かで悩みがちな友だちと一緒のときは、けっしてはしゃぐようなことはなく、ほとんど話の聞き役になっている。

こんな感じなので、どれがほんとうの自分かわからず、自分は多重人格なのかもしれないと思うことがある、と言います。

このように、自分の態度が相手によって変わるのを気にする人はけっこういるようで、

「これって多重人格なんですか？」

と聞かれることがあります。ビリー・ミリガン（アメリカの強盗強姦事件の犯人）の事例に代表されるように、多重人格者の犯罪が話題になったりすることもあって、自分もおかしいのではないかと心配になる人もいるようです。

相手によって態度が変わる自分はおかしいのではないかと多重人格を心配するというよりも、相手によって態度を変える自分はイヤらしい人間なのではないかと自己嫌悪する人もいて、

「こういうのって、すごく調子いいっていうか、なにかイヤらしいですよね」

などと自嘲気味に言ったりします。

「なんか、こう、一貫性がない人間って、信頼されないですよね」

と、自分の一貫性のなさを気に病む人もいます。

でも、そのような心配は一切無用です。

✣

相手によってコロコロ態度を変えるというと、とてもイヤらしい人物、信頼できない人物という感じがしますが、それは極端な場合です。

相手によって態度を変えるとか、態度に一貫性がないとかいうと、ネガティブな感じがしますが、相手に応じて柔軟に態度を調整できるといえば、ネガティブなイメージがなくなるのではないでしょうか。

それに、自分の態度が相手によって変わるのを気にしていること自体、イヤらしい人間とか信頼できない人間ではない証拠といえます。

ここで知っておいてほしいのは、相手によって態度が変わるのはごくふつうのことだということです。むしろ〈適応的な態度〉といってよいでしょう。

私たちは、社会適応のために、その場その場にふさわしい自分を出すようにしているのです。とくに意識してそうしているわけではなくても、それぞれの場面にふさわしい自分がごく自然に出てくるのです。

そのため、相手によって自分のイメージが違ってくるのです。このことを私は〈自己概念の場面依存性〉と呼んでいます。だれと一緒にいるときかによって自分のイメージが違うというのは、けっして異常なことではないのです。

ちょっと想像してみてください。職場の上司に対して、家で家族に対してとっているような態度をとったら、おかしなことになるのではないでしょうか。取引先の担当者の前で、友だちといるときのような自分を出したりしたら、非常に失礼な人物とみなされるはずです。

職場の同期に対して、上司や先輩に対するときと同じような態度をとっていたら、いつまでたっても親しくなれないでしょう。

たとえば、男性の例をあげると、相手によって、自分のことを「私」と言ったり、「僕」と言ったり、「オレ」と言ったり、自然に変えているのも、相手によって出すべき自分が違うからです。

このように考えればわかるように、相手によって態度が変わるのはけっしておかしなことではなく、むしろそうすることが適応の条件になるのです。だれの前でも態度が同じというほうが、それぞれの場にふさわしい自分を出せていないという意味で不適応なのです。

さらに、自分を抑え過ぎるとストレスがたまるといった観点からすれば、相手によって自分の違った面を出せるというのは、心の健康という点でも非常に望ましいことといえます。

人間というのは、いわば〈多面的な存在〉です。

まじめな気持ちもあれば、ふざけたりはしゃいだりしたい気持ちもある。冷静沈着な面もあれば、感情的になることもある。冷めた気持ちになることもあれば、情熱的に燃えることもある。慎重な面が強くても、冒険したい気持ちもある。そうした矛盾をはらんでいるのが人間です。

✣

魔がさす瞬間というのがあります。これまで秩序立って進行していた日常生活に、突如として裂け目が生じ、これまでの秩序が崩れてしまうときのことです。

まじめで堅物とだれもがみなしていた人物が、突然衝動に駆られておかしなことをしてしまう。電車の中で痴漢をする。エスカレーターでスカートの中を盗撮する。スーパーで万引きをする。

そんな事件が起こるたびに、その人物をよく知る人は、

「まさか、あの人が、こんなことをするなんて。ふざけたり、悪さをしたりするなんて考えられないくらい、ほんとにまじめな人だったんです」

などと、驚きを口にします。

じつは、「ふざけたり、悪さをしたりするなんて考えられないくらい、ほんとにまじめな人」だったことが問題なのです。ふだんから適当に羽目をはずしている人のほうが、むしろ安心して見ていられます。

生真面目で型を崩せない人ほど、どこか危ないところがあるものです。

生真面目すぎる人は、自分の役割に徹するあまり、その役割にふさわしくないと思う自分を抑えすぎるのです。

たとえば、セールスマンとしてふさわしい自分しか出さなかったり、教師としてふさわしい自分しか出さなかったり、模範的な母親といえるような自分しか出さなかったりというように。つまり、多面的であるはずの自分の一面しか出さ

ず、あとは強く抑圧しているため、ストレスをため込みすぎているのです。

学生時代の友だちと集まっておしゃべりすれば、日頃仕事の場では出せない自分を出すことができ、気分がスッキリします。

職場の先輩と飲みに行っていろいろしゃべっていると、職場では出せていない自分が引き出されて、気分がスッキリするとともに、先輩との心の距離が縮まります。

行きつけのカフェや居酒屋などに通うのも、昼間職場や取引先では出せない自分を自由に出せて、気分がスッキリするからです。

こうしてみると、相手によって自分の態度が変わるというのは、まったく気に病むようなことではなく、社会適応のためにも、心の健康のためにも、むしろ必要なことだとわかるはずです。

✣

以上のようなことを踏まえて、自分の中の多面性をうまく出せているかどうか、ちょっと振り返ってみましょう。

親、子ども、配偶者、友だち、恋人、上司、職場の同僚、取引先、客、生徒、行きつけの店のマスターなど、だれでもよいので、日頃接することのある人を何人か選び、それぞれの前で出ている自分の態度の特徴を書き出してみてください。

自分がいかに多面的存在であるかがわかるはずです。

あまりいろいろな自分が出ていないなと感じる人は、これから自分をあまり抑えすぎずに、適度に自分を出せるように意識してみてください。

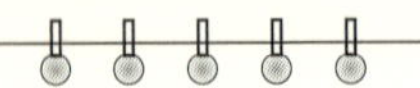

[日頃接している人を選んで、その人の前で自分がどんな態度をとっているか] 書いてみましょう

☞ 相手はだれですか① 〈　　　　　　　　　　　　　〉

☞ その人の前でどんな態度をとっていますか

☞ 相手はだれですか② 〈　　　　　　　　　　　　　〉

☞ その人の前でどんな態度をとっていますか

☞ 相手はだれですか③〈　　　　　　　　　　　　　　　　〉

☞ その人の前でどんな態度をとっていますか

☞ 相手はだれですか④〈　　　　　　　　　　　　　　　　〉

☞ その人の前でどんな態度をとっていますか

だれもが相手によって自分の出し方を変えているのだとわかれば、「自分は多重人格なのでは？」「相手によって態度を変えるなんてイヤらしい人間なのでは？」などと気に病むことはなくなるはずです。

自分が相手によって態度を変えているのを意識していなかった人も、このようなワークをやってみると、自分が無意識のうちに相手によって自分の出し方を微妙に調整していることがわかるでしょう。意識して調整しなくても、いわば相手にふさわしい自分が自然に出てくるのです。

◆

このように私たちは相手によって自分の出し方を微妙に変えています。相手によって、出しやすい自分、出しにくい自分が違っているのです。

仕事帰りに行きつけのカフェや居酒屋などに通うのも、たまに学生時代の気心の知れた友だちに会いたくなるのも、仕事をしているときには出せない自分が出せて気分がスッキリするからです。出せない自分をずっと抑えこんでいるのは気分的にきついものです。

自分は多重人格なのでは？　などと心配せずに、日頃出しにくい自分を出せる場や人間関係を大事にすべきです。それがストレスの解消になります。

◆

相手によって出ている自分にあまり違いがないという人は、人づきあいの中で自分のごく一面しか出せていない可能性があります。その場合は、人に出せずに抑えこんでいる自分があることになります。もっとつきあいの幅を広げたり、関係を深めたりすることで、いろいろな自分の側面を出せるようになるでしょう。

ワーク
10

なぜ場違いな自分を出してしまうのか

どうも自分は場にふさわしい自分を出すのが苦手だ、なぜ場違いな自分を出してしまうのだろうという人がいます。

ワーク9は、相手によって自分の態度が変わる、いわば場面によって違う自分が出ることを気に病む人の悩みについてでしたが、場面によって違う自分を出すのがうまくできないという悩みもあります。

たとえば、職場でおかしな自分が出ることはないのだけど、どうも堅苦しすぎる雰囲気が漂っているようで、先輩たちからも、

「そんなに緊張しなくていいよ。もっと肩の力を抜けば」

と言われたりする。もっとくだけた感じでよいとは思うのだけど、どう崩したらいいかわからない。

飲み会でも、昼間と同じ調子なため、

「そんなにガチガチにかしこまってなくていいのに」

と、先輩たちから言われ、これじゃいけないと思うのだけど、型を崩しすぎて失敗するのが怖くて、なかなか型を崩せない。

そのように場に応じて自分の型を崩すということができないのを気に病む人がいます。

適度な崩し方、場にふさわしい自分の出し方がわからないのです。

なぜこれほどまでに型を崩すのを恐れるのかといえば、学生時代に友だちから、

「ほんとに空気読めないんだね」

と言われたり、コンパでは堅苦しくならずにはしゃがなくちゃと思って、ついやりすぎてみんなに引かれたりしたことがあったからだそうです。場にふさわしい自分を出す自信がないのです。

自分にもそのようなところがあるという人も少なくないはずです。

このような場合、いったいなにがいけないのでしょうか。

それには、〈セルフ・モニタリング〉がうまく機能していないということが関係しています。あるいは、うまく機能しないことを気にするあまり、自由に振舞えなくなっているのでしょう。

✣

セルフ・モニタリングというのは、場にふさわしい言動がとれるように、あるいは場違いな言動をしてしまわないように、周囲の反応をモニターすることです。

いわば、モニターカメラで自分の行動をチェックするように、心の目で自分の言動とそれに対する周囲の反応をモニターする心の機能のことです。それによって、自分の言動を適切に調整することができます。

みんなが引いたというのも、うっかり場にふさわしくない自分の出し方をしてしまったからであり、そうした経験のために自分のセルフ・モニタリング能力に自信がないのです。

セルフ・モニタリングがうまく機能していない人には、大きく分けて二つのタイプがあります。

ひとつは、セルフ・モニタリング意識が過剰で、自分の言動が場違いだったら大変だと気にするあまり、相手や周囲の反応を意識しすぎて、気持ちが委縮して自由に振る舞えず、人間関係がぎこちなくなってしまうタイプです。

先ほど例にあげた人などは、まさにセルフ・モニタリング意識が過剰なため、自由に振る舞えないでいるわけです。

もうひとつは、セルフ・モニタリングがまったくできていないため、場違いな言動を平気でとっているのに、そんなことにはお構いなしにずうずうしいことを主張したり、一緒にいる人を傷つけるような無神経なことを言ったり、周囲がうんざりしているのに自慢話をしたり、一方的にしゃべり続けたりするタイプです。

いわば、自分の言動をチェックするモニターカメラが壊れているのです。

たとえば、販売ノルマを達成できなかった人もいるのに、自分がノルマを大きく上回ったからといって、

「このところ景気が上向いてるし、ウチの商品は評判いいし、ノルマなんてすぐ達成できちゃうね」

いないということにさえ気づかないのです。

がまったくできていないのです。そして、自分はセルフ・モニタリングができて

と口にするなど、平気で無神経なことを言う人がいます。セルフ・モニタリング

✣

セルフ・モニタリングを意識しすぎるのも生きづらいものですが、苦しいのは本人だけです。周囲の人をイヤな気持ちにさせることはありません。

一方、セルフ・モニタリングがまったくできていない人は、相手をイライラさせたり、うんざりさせたり、傷つけたりと、周囲をイヤな気持ちにさせるため、人間関係をこじらせたり、まともに相手にされなくなったりして、孤立する原因になりがちです。

自分はセルフ・モニタリング意識が過剰かもしれないと思う人は、意識過剰なほど人の反応を気にする性格なのだから、そんなに失礼な言動をとるはずはないと自分を信じ、多少セルフ・モニタリング意識をゆるめると、気持ちが楽になり、人づきあいがそれほど苦でなくなるでしょう。

自分はセルフ・モニタリングが欠落しているかもしれないと、チラッとでも思

う人は、自分の言動が適切かどうかをチェックする目をもつように意識してみましょう。

このようなセルフ・モニタリングが欠落しているタイプの場合、それを強化する必要があるので、これまで相手あるいは周囲の反応がおかしいと感じたときのことを思い出すように努力してみて、どんな言動がどのように問題だったのかを考えてみましょう。

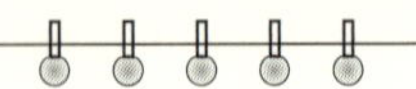 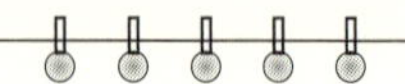

[自分に対する相手や周囲の反応がおかしいと感じたときのこと] を書いてみましょう

☞ 自分に対する相手や周囲のどのような反応（言葉や態度）をおかしいと思いましたか

☞ そのとき、自分の言葉や態度にどのような問題があったと思いますか

ワーク10
アドバイス

場違いな自分を出してしまうことを気に病んでいるという〈セルフ・モニタリング意識〉が過剰なタイプは、このようなワークをすることで、どんな場面で場違いな自分が出てしまいやすいかという自分のパターンがわかるでしょう。

その場合、どこに問題があり、どんな自分を出すようにすればよいかをはっきりさせておきましょう。注意すべき場面と注意すべき点がわかれば、徐々に不安は解消していくはずです。

◆

相手や周囲の反応をとくに思い出せないという場合は、セルフ・モニタリング意識が強すぎて、意識過剰になっているだけで、べつに場違いな自分が出ているわけではないのかもしれません。その場合は、少し気楽に構えましょう。

逆に場違いな自分を出す心配などしてもいなかったけれど、本文を読んで、もしかしたら自分はセルフ・モニタリングができていないタイプかもしれないと、ふと気になった人は、ワークにちょっと本気で取り組んでみましょう。

◆

セルフ・モニタリングができていないタイプは、場違いな自分が出るということをもともとあまり気にしていないため、相手・周囲の反応がおかしいと感じたときなんてないと、ワークを素通りしてしまいがちです。でも、ふと気になったのなら、なにか心に引っかかることがあるのです。

これまでの対人場面をじっくり振り返りながらワークをやっていくことで、なにか見えてくるものがあるかもしれません。

ワーク
11

自分をさらけ出すのが怖くて、素直に自分を出せない

人に対して、どうしても身構えてしまい、素直に自分を出せないという人がいます。

もちろん、だれにでも自分をさらけ出せるわけではありませんが、しょっちゅう行動を共にしている相手に対してさえも、なかなか素直に自分を出せないため、親しい友だちができないというのです。

人に対して身構えてしまい、なかなか自分を素直に出せないというと、引っ込み思案でおとなしいタイプをイメージするかもしれませんが、必ずしもおとなしいタイプばかりではありません。

けっこうにぎやかにはしゃぎ、冗談を言って周囲を笑わせていながらも、自分を出せないことで苦しんでいるといったタイプもあります。

そのようなタイプの人は、始終一緒におしゃべりをする仲間集団の中でも、ウケねらいの話ばかりしたりして、なんでも茶化してしまい、その場で楽しく盛り上がりはしても、自分がほんとうに気になっていることを話せないので困る、と言います。

集団でなく、個人的なつきあいでも、「この人なら信頼できそう」「この人と親しくなりたい」と思う相手に対しても、いつもおちゃらけてしまい、なかなか真剣な話ができないため、楽しい人物と思ってもらえても、個人的に深くつき合う相手とみなされないのがさびしいと言います。

ここで、人に対する開放性といっても、それには二種類あることを指摘しておきたいと思います。

一般に、開放的な人というと、だれとでもすぐに打ち解けて親しく話せるようになり、だれに対しても気兼ねなく話しかけることができる、社交的なタイプを思い浮かべるでしょう。

✣

それに対して私は、対人的開放性には、〈社交性〉と〈自己開示性〉の二つがあるとして、この二つを区別することを提唱してきました。

社交性とは、初対面の人や顔見知り程度の慣れない相手に対しても気おくれすることなく、その場にふさわしい会話ができる性質です。

自己開示性とは、率直に自分をさらけ出す性質のことです。

初対面の人ともすぐに親しく話せるようになる社交的な人が、必ずしも自分のことを素直に話すというわけではありません。

いつも話の輪の中心にいて、話題が豊富で、いろいろな話題を持ち出してはおもしろおかしく話す人であっても、自分自身のことはほとんど話さないため、改めて考えてみると得体の知れないところがあるという場合があります。なにを考えているのか、どんな過去を背負っていて今はどんな生活をしているのかがよくわからない。いわば、社交的ではあっても、自己開示しないタイプといえます。

一方、自分を隠すということがなく、いつもホンネで人と接する人なのに、社交的でない人もいます。思っていること、考えていることを率直に話してくれるため、安心してつきあうことができ、そのままの人といった感じです。

その意味では、非常に開放的なのですが、初対面の人の前では極度に緊張してあまりしゃべれないし、口べたでおもしろおかしく話すということもありません。自己開示性は高くても、社交が苦手なタイプといえます。

こうしてみると、自分をさらけ出すのが怖くて素直に自分を出せないというのは、自己開示性の低さを指すわけですが、それにも社交性の低いタイプもいれば高いタイプもいるということになります。

いずれにしても、ここでの問題は、なかなか素直に自己開示することができないことです。

✣

自己開示性の低い人は、一般にあまり人間というものを信頼していないところがあります。人を信用していないため、自分のことを話したくないのです。

プライベートな情報を与えて別の場で漏らされたらイヤだというように自己開示することに不安を感じていたり、自分の思いを人に話したってなにも変わらないし意味がないというように、ホンネのコミュニケーションに価値を感じていなかったりするため、自己開示しあう関係になりにくいのです。

根の深いコンプレックスを抱えているため、自分のホンネを隠す習性をいつの間にか身につけている人もいます。

自己開示ができないと、いくら楽しく盛り上がっても、うわべだけの話に終始するため、心を打ち明けあえるような深いつながりになりにくいところがあります。それが自分にさびしさを感じさせるのです。

そのようなさびしさを感じる場合は、思い切って自己開示する勇気が必要です。心を開くには勇気がいりますが、相手も自己開示への不安を抱えつつ、なんとなくさびしさを感じていたりします。相手が心を開いてくれると、だれでもうれしいものです。

一方が自己開示をすると、他方も自己開示をするというように、自己開示には相互性の原理が働き、自己開示が自己開示を呼んで、みるみる心理的距離が縮まっていきます。ただし、なにごとも行きすぎは禁物です。

相手との関係がまだ深まっていないうちからプライベートなことを話しすぎる人は、場の空気を読む余裕のない情緒不安定な人にみられます。

感情をむき出しにして腹の立つことや不安なことをよく口にする人も、自分の中にネガティブな思いをとどめておけない情緒不安定な人といった印象になります。

自己開示は徐々に深めること、そして一方的に自己開示するのは避けることが原則です。

自分ばかりが自己開示して、相手があまり自己開示してこないようなときは、あまりアンバランスにならないように多少自己開示を控えることも必要です。

✣

では、つぎのチェックリストを使って、自分自身の人に対する開放性についてチェックしてみてください。

自分は自己開示性が低いことがわかった人は、もう少し人のことを信頼して、親しくなりたい人に対しては心を開くように意識するとよいでしょう。

社交性が高くて自己開示性が低い人は、社交的に人とかかわれるため、対人関係になにも問題はないと思いがちですが、自己開示性が低い場合は、うわべだけの人づきあいになりがちなので注意が必要です。

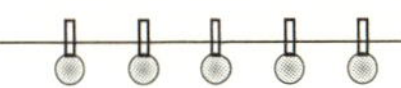

［人に対する自分の開放性］をチェックしてみましょう
（当てはまれば○、当てはまらなければ×）

社交性について

①初対面の人と話すときはとても緊張する

②人に遠慮しすぎて親しくなりにくい

③雑談が苦手で、何を話せばよいのかわからなくなる

④初めての場にはなかなかとけ込めない

自己開示性について

①自分のことはあまり人に話さない

②自分の思うことを率直に伝えるほうではない

③自分をさらけ出すつきあいは苦手だ

④プライベートなことはあまり話したくない

ワーク11 アドバイス

社交性についての項目①〜④の×の数が三つ以上になった人は、社交性が高い人といえます。

◆

自己開示性についての項目①〜④の×の数が三つ以上になった人は、自己開示性が高い人といえます。

自分は自己開示性が低いとわかった人は、もう少し人のことを信頼して、親しくなりたい人に対しては思い切って心を開くように意識するとよいでしょう。ただし、いきなりやりすぎないことです。相手の反応を見ながら徐々に開いていくのがコツです。

◆

自己開示性が低くても社交性が高い場合は、注意が必要です。社交性が高いと、人とうまくかかわれるため、対人関係のとり方にとくに問題を感じないものです。でも、自己開示性が低いと、いくら社交性が高くても、うわべだけのつきあいになりがちで、ホンネを出しあえる関係、深い話ができる関係になれなかったりします。社交性が高いため、そうした問題が見逃されやすいのです。

いくらにぎやかな人間関係があっても、うわべだけのつきあいしかないのはさびしいものです。少しは自己開示ができる相手をつくるようにしましょう。

ワーク
12

年代の違う人とつきあうのが苦手

学校時代の同級生とか、職場の同期とか、同年配の人とつきあうのは問題ないのだけれど、上司はもちろんのこと、先輩とか後輩とか、年代の違う人たちとつきあうのが苦手で困るという人がいます。

たとえば、年上の相手が苦手という人は、同年配の同僚とつきあうのは苦でないし、後輩に対しても面倒見のよいほうだと思うのだけど、先輩となると、どうかかわったらよいのかがわからず、緊張してカチカチに固まって、ぎこちなくなると言います。

そのため、親しくしゃべることができず、食事に誘われたり、飲みに誘われたりしても断るので、なかなか職場にとけ込めないようです。

それとは正反対に、年下が苦手という人もいます。

たとえば、年下の相手が苦手という人は、今も職場の後輩とのかかわりが苦手だけど、それはずっと前からで、高校生の頃も部活で先輩と一緒に活動するのは楽しかったのに、後輩が入って自分が先輩になってからはなんだかつまらなくなって部活を辞めてしまったと言います。

このような人の話を聞いていてわかるのは、幼い頃からの育ちのプロセスで、年上あるいは年下の子たちと一緒に遊ぶ経験が乏しいために、どんなふうに接したらよいかがわからないということです。

昔のように、近所の子どもたちが年齢に関係なく一緒になって集団で遊ぶ時代なら、年上の子に対する心や年下の子に対する心が、自然に育ったものです。

たとえば、年上の子は経験が豊富だし、いろいろなことができるから、頼ったり、甘えたり、遊びを教えてもらったりできる反面、しぶしぶ言うことを聞かなければならないこともあります。

それによって、年上の相手に対して頼ったり、甘えたり、素直に従ったりする心がつくられていきます。

一方で、年下の子は未熟なためやさしく保護的にかかわらないといけないし、理屈がわからないところがあるから、理屈を教えてあげたり、ときに叱ったりして導かなければなりません。また、遊びのルールもよくわからず勝手なことをしたりしても大目に見てあげることも必要です。

それによって、年下の相手に対して保護的にかかわったり、導いたり、大目に見たりする心がつくられていきます。

ところが、異年齢の集団遊びも経験せず、年上のきょうだいもいないと、年上の相手に対して出すべき心が育ちません。だから、年上の人を前にすると、どうかかわったらよいのかがわからず、ぎこちなくなってしまうのです。

同じように、異年齢の集団遊びも経験せず、年下のきょうだいもいないと、年下の相手に対して出すべき心が育ちません。だから、年下の相手を前にすると、どうかかわったらよいかがわからず、固まってしまうのです。

このような心は経験によってつくられるので、年上の相手や年下の相手とかかわる経験が乏しければ、どんな心を出していけばよいのかがわからなくて当然なので、うまくかかわれない自分を責めることはありません。これからそこを意識するようにすればよいのです。

思い当たる人がいれば、年上の相手や年下の相手に出すべき心を踏まえて、そうした心を出せるように意識していきましょう。日頃意識しているだけでも、徐々にスムーズにかかわれるようになるはずです。

✣

その際、自分がどのような心を出すのが得意で、どのような心を出すのが苦手なのかを知っておくと便利です。そのためには、〈エゴグラム〉が役に立ちます。エゴグラムというのは、「私たちはみんな五つの心をもっている」ということを前提に、それぞれの心をどの程度もっているかを測定するものです。

ここでは、私が作成したエゴグラムテストをやってみましょう。

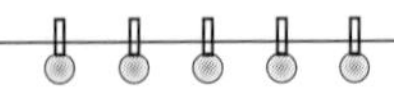
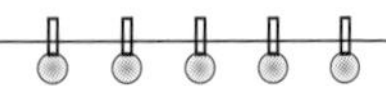

エゴグラムテスト

以下の各項目について、自分に当てはまる程度を1～5の数字で答えてください。数字は各項目の右の［　］の中に記入しましょう。基準はつぎのとおりです。

1……当てはまらない
2……あまり当てはまらない
3……どちらともいえない
4……やや当てはまる
5……当てはまる

①批判的なことをよく言う	
②人に対して親切である	
③綿密な計画を立てるのが好きだ	
④衝動的なところがある	
⑤優柔不断でなかなか決断できない	
⑥頑固で融通がきかないところがある	
⑦お節介なところがある	
⑧たいてい冷静に行動できる	
⑨気持ちが表情に出やすい	

⑩自分を抑えて人に合わせるほうだ

⑪自分の考えを人に押しつけるようなところがある

⑫人を批判するよりほめることが多い

⑬疑問点は明らかにしないと気がすまない

⑭言いたいことは遠慮なく言うほうだ

⑮自信がもてず、おどおどしたところがある

⑯人の不正や怠慢には厳しいほうだ

⑰情に流されやすい

⑱損得を考えて行動するところがある

⑲わがままなところがある

⑳言いたいことを言えずに後悔することが多い

㉑人を引っ張っていくほうだ

㉒人に対して甘いところがある

㉓抜け目ないところがある

㉔冗談を言ったりふざけることが多い

㉕人に対して素直なほうだ

《 採点法 》

つぎの式に当てはめて、あなたの５つのエゴグラム得点を計算しましょう。

①＋⑥＋⑪＋⑯＋㉑＝［　　　　　］……「父　性」得点

②＋⑦＋⑫＋⑰＋㉒＝［　　　　　］……「母　性」得点

③＋⑧＋⑬＋⑱＋㉓＝［　　　　　］……「現実性」得点

④＋⑨＋⑭＋⑲＋㉔＝［　　　　　］……「奔放性」得点

⑤＋⑩＋⑮＋⑳＋㉕＝［　　　　　］……「従順性」得点

テストの解説

人間関係のパターンを分析する交流分析を創始した精神医学者バーンの理論をもとに、その弟子デュセイが考案したのがエゴグラムです。エゴグラムは、五つの心の強弱をグラフ化したものです。

人間はだれでも五つの心をもっている。それが交流分析の基本です。五つの心というのは、つぎのとおりです。

〈批判的な親の自我状態〉
〈養育的な親の自我状態〉
〈大人の自我状態〉
〈自由な子どもの自我状態〉
〈順応した子どもの自我状態〉

このままの用語を使うとわかりにくいので、それぞれの内容を端的に表すことばに言い換えましょう。

親の自我状態は、「親心」と言い換えることができます。

親心には二つの側面があります。すなわち、親の子に対する心には、厳しさをもって鍛えるという面と優しさをもって保護するという面の両方があります。

一般に、前者を「父性」、後者を「母性」ということができます。

そこで、〈批判的な親の自我状態〉を「父性」、〈養育的な親の自我状態〉を「母性」と呼ぶことにします。

大人の自我状態は、「大人心」と言い換えることができます。

大人にとっての課題は、現実社会に適応することです。ゆえに、大人心の担う機能は、現実社会への適応を促すことです。

そこで、〈大人の自我状態〉を「現実性」と呼ぶことにします。

子どもの自我状態は、「子ども心」と言い換えることができます。

子ども心にも二つの側面があります。子どもはまだ十分に社会化（しつけ）されていないため、欲求のままに動き回る自由奔放な面があります。それと同時に、子どもは親の保護がないと生きられないため、親の顔色をうかがったり、親の言うことを素直にきく従順な面ももっています。

前者を「奔放性」、後者を「従順性」ということができます。

そこで、〈自由な子どもの自我状態〉を「奔放性」、〈従順な子どもの自我状態〉を「従順性」と呼ぶことにします。

◆

それでは、これら五つの心の特徴をみていきましょう。

①「父　性」

父性とは、人を導き鍛える厳しい心のことです。

命じたり、励ましたり、すべきことに向けて駆り立てたり、叱ったり、罰したりすることで、人を厳しく鍛えようとする心をさします。

「父性」得点が20点以上なら厳しさをもった父性の強い人、10点以下なら厳しさの欠けた父性の弱い人、11点以上20点未満の人は平均的な人ということになります。

②「母　性」

母性とは、人を温かく包み込む優しい心のことです。人の気持ちに共感したり、慰めたり、過ちを許したり、保護するなど、善悪を超えて人を丸ごと受け入れようとする心をさします。

「母性」得点が20点以上なら優しさがあふれる母性の強い人、10点以下なら優しさの足りない母性の弱い人、11点以上20点未満の人は平均的な人ということになります。

③「現実性」

社会適応を促す現実的な心のことです。

目の前の状況を的確に把握し、客観的情報に基づいてものごとを冷静に判断して、現実に対して効果的に対処しようとする心をさします。

「現実性」得点が20点以上なら冷静沈着な現実性の強い人、10点以下なら冷静さが足りない現実性の弱い人、11点以上20点未満の人は平均的な人ということになります。

④「奔放性」

何ものにも縛られない自由奔放な心のことです。

思ったままを無邪気に表現し、自発的に動き、ときにわがままに振る舞うなど、天真爛漫で活力にあふれた心をさします。

「奔放性」得点が20点以上ならなにものにも縛られない奔放性の強い人、10点以下なら自発性の欠けた奔放性の弱い人、11点以上20点未満の人は平均的な人ということになります。

⑤「従順性」

人に素直に従う心のことです。

人の言うことを素直にきいたり、人の顔色をうかがったり、権威や命令に従ったり、自分の意見や気持ちを抑えて人に合わせようとする心、協調的であると同時に消極的な心をさします。

「従順性」得点が20点以上なら素直で周囲に合わせる従順性の強い人、10点以下なら素直さや協調性が足りない従順性の弱い人、11点以上20点未満の人は平均的な人ということになります。

ワーク13

思うようにならない自分が嫌い

自分がイヤでイヤでたまらないという人がいます。

周囲の人たちを見ていると、自信ありげで、圧倒される。それに対して、自信がなく、なにをしても思いどおりにならない自分がいる。家に帰って一人になったとき、

「なんで自分はこうなんだろう」

と自己嫌悪が強まって、落ち込んだり、イライラしたり。そんな自分がイヤでイヤでたまらないと言います。

このような「自分が嫌い」という悩みを口にする人と話していて、いつも感じるのは、向上心が人並み以上に強いのではないかということです。

「こんな自分は嫌い」と自己嫌悪にさいなまれる人は、今の自分に満足してい

ないわけです。今のままでよいと思っている人は、自己嫌悪に陥ることなどないでしょう。「このままの自分ではダメだ」と思うからこそ、自己嫌悪に陥るのです。

それは、まさに向上心によるものといえます。［パート1］でも指摘しましたが、自己嫌悪は向上心のあらわれなのです。

「今の自分に満足だ」という人が、「こんな自分はイヤだ」という人と比べて、他人から見て充実した生活をしているとか、適性を生かした生活をしているというわけではありません。たとえ他人から見たら怠惰な生活をしていても、本人に向上心がなければ自己嫌悪など感じずに、「今の自分に満足だ」と言うでしょう。周囲にいるのではないでしょうか。あなたから見れば、「あれじゃダメだ、もっとちゃんとしないと」「なんであんなにいい加減なんだ」「なんであんなにやる気がないんだ」と思わざるを得ないのに、全然自己嫌悪なんて感じていないようすで、のんきにしている人が。

一方、他人から見たら一所懸命に生きていて、充実しているようであっても、本人が強い向上心をもっている場合は、「こんなんじゃダメだ」と自己嫌悪を感じたりするものです。

✣

ここからわかることは、「自分が嫌い」というのは、自分を向上させたいという思いのあらわれだということです。

その証拠に、小学校五・六年生のときは、「自分に満足」という子が圧倒的に多く、「自分が嫌い」という子は非常に少ないのに、中学二・三年生になると、「自分に満足」という子が少なくなり、「自分が嫌い」という子が多くなります。

これには、小学校時代にはそのままの自分になりきって過ごしていたのに対して、思春期になって抽象的思考をするようになると、「自分を見つめる自分」が出てきて、理想自己を意識するようになることが関係しています。

理想自己を思い描くようになって、「あんな自分になりたい」という思いが強まり、現実の自分はまったく理想どおりになっていないため、「こんな自分はイヤだ」と思ったりするのです。

こうしてみると、思うようにならない自分が嫌いという人は、とても向上心の強い人だといえそうです。向上心が強くなければ、どんなにだらしなくても、思うようになっていなくても、自己嫌悪にさいなまれたりしないでしょう。

ですから、あなたがもし自己嫌悪を感じているとしたら、自分をそれ以上責めるのではなく、

「私は向上心が強いタイプなんだな」

「僕は今の自分には納得していないんだな」

というように冷静に受け止めればよいのです。ちょっと気が楽になるのではないでしょうか。

自分の理想像を思い描いて、「あんなふうに輝きたい」「もっと充実したい」「納得のいく人生にしたい」と思うのはよいのですが、「こうあるべき」という縛りは少しゆるめたほうがよいでしょう。

理想はあくまでも理想であって、現実はなかなか理想どおりにいくものではありません。理想どおりの自分になっている人など、まずいないでしょう。

毎日を漫然といい加減に過ごすより、自分の理想像を思い描いて、あんなふうに精一杯生きたいとがんばるのはよいのですが、理想どおりにならなくても自分を責めないことです。そのためには、「こうあるべき」といった思考をちょっと

ゆるめて、

「こうなったらいいけど、なかなか思うようにいかないのが人生だからな」

という感じで、現実を受け入れることが大切です。

✣

では、思うようにならない自分が嫌いという人は、自分のどのようなところが嫌いなのかを簡単に書いてみてください。

それが記入できたら、「自己嫌悪は向上心のあらわれ」「理想を掲げるのは大事だが、思いどおりにならないのが現実だ」「理想どおりの自分になっている人などいない」ということを念頭に置いて、現実の自分をどのように受け入れたらよいかを考えて、思いつく回答を簡単に記入してください。

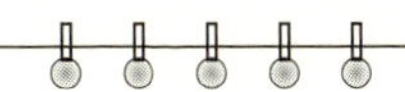
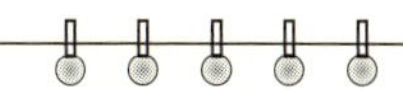

[自分のどんなところが嫌いか］書いてみましょう

[そんな自分をどのように受け入れたらいいか］書いてみましょう

ワーク13
アドバイス

「こんな自分はイヤだ」「もっと違う自分になりたい」と言っていても、自分自身のどんなところがイヤなのかと改めて問われると、はっきり答えられず、困惑してしまう人が多いものです。

そこで、このようなワークに取り組み、思うようにならない自分の「こんなところが嫌い」という点を必死に考えて、いざ具体的に書き出してみると、「なんだ、その程度のことだったのか」と拍子抜けすることが多いものです。だれにでもありがちな特徴だったりします。それなら「自分が嫌い」などと気に病むほどではないと思えてきます。

「仕事で同じミスをしてしまう自分がイヤ」「できる同僚や後輩に嫉妬してしまう自分がイヤ」「人の気持ちをちゃんと汲みとれない自分がイヤ」などという場合も、「こうあるべき」を少しゆるめることで気持ちが楽になります。

◆

「同じミスをすべきではない」と思い込んでいるから、同じミスをする自分がイヤだという気持ちにさいなまれるのです。「同じミスをしないに越したことはないが、人間は完璧じゃないから、同じミスをしてしまうこともある。とにかく気をつけよう」といった感じの受け止め方にすれば、自分が嫌いなどと自分を責めずに、これ以上ミスを繰り返さないように前向きの気持ちを維持できるようになるでしょう。

◆「できる人に嫉妬すべきでない」と強く思っているから、嫉妬する自分がイヤだという気持ちにさいなまれるのです。「嫉妬はしたくないけど、人間だからできる人に嫉妬を感じるのはしかたない。でも、嫉妬によってイヤ味を言ったりイヤな態度をとったりするのはよそう」という感じの受け止め方にすれば、万一嫉妬するようなことがあっても、自分が嫌いなどと思わずに、建設的な行動がとれるようになっていくはずです。

◆

「人の気持ちを汲みとるべき」という思いが強すぎるから、人の気持ちをちゃんと配慮できない自分がイヤだという気持ちにさいなまれるのです。「人の気持ちを汲みとるようにしたいが、人の気持ちというのはわかりにくいところがあるし、うまく汲みとれるかどうかわからないけど、とにかく人の気持ちを配慮するように心がけよう」という感じの受け止め方にすれば、人の気持ちを汲みとりそこねても、自分が嫌いなどとネガティブにならずに、冷静な対処ができるようになっていくでしょう。

ワークがうまくできなかった人は、そうした観点から、ワークの後半の「そんな自分の受け入れ方」を改めて考えてみましょう。

榎本博明（えのもと・ひろあき）

1955年東京生まれ。心理学博士。東京大学教育心理学科卒業。東芝市場調査課勤務ののち、東京都立大学大学院で性格心理学、臨床心理学を専攻。カリフォルニア大学客員教授、大阪大学大学院助教授などを経て、現在、MP人間科学研究所代表。
著書に、『性格の見分け方』『気持ちを伝え合う技術』『〈ほんとうの自分〉のつくり方』『「自己」の心理学』『「上から目線」の構造』『仕事で使える心理学』『〈自分らしさ〉って何だろう？』『薄っぺらいのに自信満々な人』など多数。

それって、「悩みぐせ」かもしれませんよ

自分でカウンセリングする技術

2017年10月20日　第1版第1刷発行

著　者　榎　本　博　明
発行者　矢　部　敬　一
発行所　株式会社　創　元　社
〒541-0047　大阪市中央区淡路町4-3-6
TEL　06-6231-9010（代）
FAX　06-6233-3111
URL　http://www.sogensha.co.jp/
東京支店　〒162-0825　東京都新宿区神楽坂4-3　煉瓦塔ビル
TEL　03-3269-1051
印刷所　藤原印刷株式会社

乱丁・落丁の場合はおとりかえいたします。　検印廃止

ISBN978-4-422-11669-3　C0011